MÉTODO DE ESPAÑOL PARA EXTRANJEROS

# PRISMA

## PROGRESA

### PRISMA DEL ALUMNO

Equipo prisma

EDITORIAL EDINUMEN

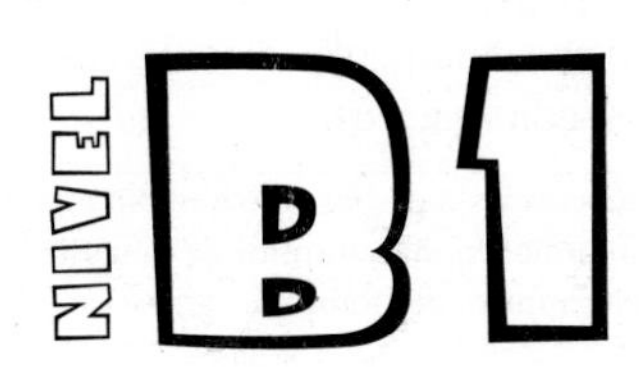

**Equipo prisma:** Águeda Alba, Ana Arámbol, María Cristina Blanco, Raquel Blanco, Isabel Bueso, Gloria María Caballero, Ana Dante, Esther Fernández, Óscar Gómez, Raquel Gómez, Ainhoa Larrañaga, Adelaida Martín, Ramón Martín, Silvia Nicolás, Carlos Oliva, Isabel Pardo, Marisa Reig, Marisol Rollán, María Ruiz de Gauna, Ruth Vázquez, Fausto Zamora



ISBN 84-95986-16-7
Depósito Legal: 6496-2003 Reedición: 2004
Impreso en España
*Printed in Spain*

**Coordinación pedagógica:**
María José Gelabert

**Coordinación editorial:**
Mar Menéndez

**Ilustraciones:**
Miguel Alcón

**Diseño de portada:**
Juan V. Camuñas y Juanjo López

**Diseño y maquetación:**
Juanjo López

**Fotografías:**
Archivo Edinumen, PhotoDisc®, Stephane Benain, Jacobo Morales y Fernando Ramos Jr.

**Impresión:**
Gráficas Glodami. Coslada (Madrid)

**Fotomecánica:**
Reprografía Sagasta. Madrid

Agradecimientos:
A todas las personas y entidades que nos han aportado sugerencias, fotografías e imágenes y, de manera especial, a la dirección del balneario de Archena y a María del Carmen Chacón Laguía

**Este método se ha realizado de acuerdo con el Plan Curricular del Instituto Cervantes, en virtud del Convenio suscrito el 3 de agosto de 2001**



Editorial Edinumen
Piamonte, 7. 28004 - Madrid
Tels.: 91 308 22 55 - 91 308 51 42
Fax: 91 319 93 09
e-mail: edinumen@edinumen.es
www.edinumen.es

MÉTODO DE ESPAÑOL PARA EXTRANJEROS

# PRISMA

PROGRESA (B1)

## *introducción*

**PRISMA** es un método de español para extranjeros estructurado en **6 niveles: Comienza (A1), Continúa (A2), Progresa (B1), Avanza (B2), Consolida (C1)** y **Perfecciona (C2)**, según los requerimientos del *Marco de referencia europeo* y del *Plan Curricular del Instituto Cervantes.*

**PRISMA** aúna diferentes tendencias metodológicas desde una perspectiva comunicativa, con lo cual se persigue atender a la diversidad de discentes y docentes. El objetivo general de **PRISMA** es dotar al estudiante de las estrategias y conocimientos necesarios para desenvolverse en un ambiente hispano en el que convergen diferentes culturas a uno y otro lado del Atlántico.

Cada nivel abarca un total de **140** horas lectivas y se compone de **PRISMA del alumno** (**80** horas), **PRISMA del profesor** (**60** horas), **PRISMA de ejercicios** y un **CD** de audiciones.

**PRISMA Progresa (B1).** En este nivel el estudiante es capaz de interaccionar en una variedad de situaciones y también sabe enfrentarse a problemas cotidianos; corresponde al nivel intermedio-bajo. El alumno aprende a:

- Comprender las ideas principales de debates extensos en un español estándar.
- Dar y pedir opiniones personales en un debate informal.
- Tomar la iniciativa, plantear quejas, pedir aclaraciones.
- Dar instrucciones detalladas de cómo se hace algo.
- Resumir y responder detalladamente a preguntas.

A través de las actividades presentadas en los diferentes ámbitos (personal, público, profesional y educativo), se conduce al estudiante a adquirir una competencia comunicativa propia de su nivel (tanto en lengua oral como en lengua escrita) para:

- Expresarse con sencillez para describir y narrar experiencias, hechos, historias y relatos.
- Expresar sus propios deseos y hacer conjeturas sobre la realidad que le rodea.
- Justificar opiniones y proponer planes.
- Interactuar con hablantes nativos en situaciones de la vida cotidiana.
- Participar en conversaciones que traten temas corrientes de interés personal.
- Comprender la descripción de acontecimientos, sentimientos y deseos en cartas personales.
- Comprender la idea principal de programas de radio y televisión que tratan temas actuales.
- Escribir textos sencillos y bien cohesionados sobre temas corrientes o de interés personal.
- Escribir cartas personales que describen experiencias e impresiones.

Cada unidad didáctica tiene autonomía, pero recoge contenidos gramaticales, léxicos y funcionales de unidades anteriores (retroalimentación). Cada actividad va acompañada de unos iconos que marcan la destreza que se va a trabajar (leer, escribir, escuchar, hablar), así como la distribución de clase sugerida por los autores (solo, parejas, grupos pequeños, grupo de clase), también aparece un icono cuando se requiere una explicación del profesor (siempre presente en el libro del profesor) o un juego.

**PRISMA del alumno** consta de doce unidades más dos de repaso y abarca unas **80** horas lectivas.

Cada unidad didáctica se desarrolla atendiendo a:

- **Integración de destrezas:** una gran parte de las actividades están planteadas para llevarse a cabo en parejas o grupo, con el fin de potenciar la interacción, la comunicación y la interculturalidad.
- **Hispanoamérica:** se deja sentir en los contenidos culturales que aparecen en textos y audiciones, lo que permite hacer reflexionar al estudiante sobre la diversidad del español, como lengua y como prisma de culturas.
- **Gramática:** se presenta de forma inductiva y deductiva para que los estudiantes construyan las reglas gramaticales basándose en su experiencia de aprendizaje o dando una regla general que deben aplicar, dependiendo de la frecuencia, rentabilidad o complejidad de los contenidos.
- **Autoevaluación:** se sugieren tanto actividades conducentes a que el estudiante evalúe su proceso de aprendizaje, como actividades que potencien y expliciten las estrategias de aprendizaje y comunicación.

**PRISMA del profesor** abarca unas **60** horas lectivas y recoge:

- **Propuestas, alternativas y explicaciones** para la explotación de las actividades presentadas en el libro del alumno, prestando especial atención al **componente cultural y pragmático**, con el fin de que el estudiante adquiera un aprendizaje global.
- **Fichas** fotocopiables, tanto de refuerzo gramatical como para desarrollar situaciones comunicativas o tareas, dentro y fuera del aula, para que el estudiante tome conciencia de la diferencia de los intereses individuales, de su visión del mundo y, en consecuencia, de su aprendizaje.
- **Material para transparencias** de apoyo para el proceso de enseñanza/aprendizaje.
- **Apéndice de pronunciación** con ejercicios prácticos.
- **Transcripciones** de las audiciones.
- **Claves** de los ejercicios.

**Equipo prisma**

# índice de contenidos

**En el método se han usado los siguientes símbolos gráficos:**

 Trabajo individual

Hablar

 Audio
[1] [Número de la grabación]

 Trabajo en parejas

  Escribir

 Léxico

 Trabajo en pequeño grupo

 Leer

 Profesor

 Trabajo en gran grupo o puesta en común

 Jugar

Tareas para realizar en casa

# Unidad 1

## Funciones comunicativas

- Expresar cortesía
- Contar y describir anécdotas sobre usos y costumbres
- Dar instrucciones y consejos para desenvolverse en otros países y culturas

## Contenidos gramaticales

- Revisión de tiempos del modo indicativo

## Contenidos léxicos

- Léxico relacionado con las relaciones sociales

## Contenidos culturales

- El Ratro en Madrid
- El regateo
- Fórmulas de cortesía en España
- Costumbres españolas
- Cultura gestual

# 1 No queda **ni rastro**

**1.1.** Antes de leer el texto sobre el Rastro, responde a estas preguntas. Después, lee el texto y comprueba tus respuestas.

| Antes de leer | | Después de leer |
|---|---|---|
| 1. | ¿Qué día de la semana es el Rastro? | 1. |
| 2. | ¿Se pueden comprar objetos de segunda mano? | 2. |
| 3. | ¿Es posible adquirir antigüedades valiosas? | 3. |
| 4. | ¿Qué se puede degustar en el Rastro? | 4. |
| 5. | ¿Está abierto durante todo el día? | 5. |
| 6. | ¿Es un mercado cubierto? | 6. |

**1.1.1.** Ahora, lee el texto:

## EL RASTRO

El Rastro en Madrid es un pintoresco y bullicioso mercadillo al aire libre que hay que visitar no solo por los objetos curiosos y antiguos que se pueden comprar allí, sino por la amplitud de las calles y de puestos que lo componen.

Está situado en el corazón del viejo Madrid, en el castizo barrio de origen judío de Lavapiés. En este mercado con alma de zoco se pueden encontrar: antigüedades (cuadros de firma, sillas rococó, muebles de época, trastos viejos...), objetos de segunda mano (candiles antiguos, trajes goyescos, ropa...), componentes electrónicos, tebeos perdidos en el tiempo, boinas, pendientes, colgantes, carteras, productos artesanos... Pasas delante de un puesto varias veces y después de numerosos empujones y de algunos regateos, vuelves y te decides a comprar.

También es posible comer los típicos barquillos y, tras escuchar música tradicional madrileña procedente de un organillo, tomar el aperitivo con los amigos en una taberna, tasca o mesón genuinos.

Pero para disfrutar de este gratificante lugar donde muchos madrileños acuden las mañanas del domingo, conviene ir temprano: sobre las tres de la tarde muchos de los puestos empiezan a recoger.

Es una costumbre tan arraigada en los madrileños que no deberías perdértela.

**1.1.2.** **Busca en el texto las palabras correspondientes a las siguientes definiciones.**

1. [ ] Característico de Madrid.
2. [ ] Adjetivo aplicado a un sentimiento o costumbre muy firme.
3. [ ] Característico por ser propio o típico de un lugar.
4. [ ] Objeto viejo o poco útil.
5. [ ] Se aplica al lugar donde hay ruido confuso de gritos, voces y risas.
6. [ ] Cómics.
7. [ ] Utensilio para alumbrar, provisto de aceite y mecha.

**1.2.** BLA **Cuando compras algo en el Rastro puedes negociar con el vendedor su precio. A esto en español se le llama "regateo". ¿Por qué no ordenas el siguiente diálogo y así aprendes a regatear?**

▶ Vendedor ▷ *Cliente*

- ○ ▶ ¿Cuánto me ofrece usted?
- ○ ▶ Mire, aquí tenemos todas estas. ¿Cuál prefiere?
- ○ ▶ ¡Adiós!
- ○ ▶ Conforme.
- ○ ▶ Imposible. Dese cuenta de que con ese precio tan económico nosotros no solo no ganamos, sino que incluso perdemos dinero.
- ○ ▶ ¡Ah!, usted quiere una bota de vino.
- ○ ▶ 36 euros.
- ○ ▶ Buenos días, ¿qué quería?
- ○ ▷ *25 euros.*
- ○ ▷ *También me parece a mí mucho más razonable este precio. Tenga. Muchas gracias. ¡Adiós!*
- ○ ▷ *Buenos días, quería un objeto que es de piel... Creo que es marrón y sirve para beber vino.*
- ○ ▷ *Sí, sí. Eso es: una bota de vino.*
- ○ ▷ *¿Qué le parece entonces 30 euros?*
- ○ ▷ *Me gusta esta. ¿Cuánto cuesta?*
- ○ ▷ *Me parece carísima. Tiene un precio totalmente desorbitado. ¿No podría hacerme algún descuento?*

Recuerda que para comprar puedes usar el pretérito imperfecto de cortesía:

**Vendedor:** *Buenos días, ¿qué quería?*
**Cliente:** *Buenos días, quería...*

Y para describir puedes usar las siguientes expresiones:

- **Es** + adjetivo (grande, caro, bonito...).
- **Es de** + nombre (materia: cristal, plástico...).
- **Sirve para** + infinitivo (beber, tocar...).

**1.2.1.** Ahora, imagina que vas al Rastro a comprar "recuerdos típicos" españoles para tu familia y amigos. Simula un diálogo como el de la página anterior en el que regatees el precio del objeto típico.

**1.3.** Como norma de cortesía, no se puede regatear en cualquier parte. ¿Qué sabes de la cortesía en España? Señala con una ✗ la información correcta y comenta con tu compañero la que te resulte sorprendente.

- [x] **1.** No se puede regatear el precio de la habitación en un hotel.
- [ ] **2.** Dos amigas cuando se despiden se dan la mano.
- [ ] **3.** Te descalzas para estar en casa.
- [ ] **4.** Cuando te ofrecen algo de comer o beber, no se acepta a la primera.
- [ ] **5.** Si te dan un regalo, no debes abrirlo en el momento.
- [ ] **6.** Cuando te dicen un piropo o te hacen un cumplido, lo agradeces sin más.
- [ ] **7.** Si invitas a tus amigos a cenar, te traen una botella de vino, un postre, algo para picar...
- [ ] **8.** Se pide permiso para fumar.

**1.3.1.** Subraya los verbos en presente de indicativo. ¿Hay verbos irregulares?

**1.4.** Transforma:

| Infinitivo | Yo | Él/ella | Nosotros/as |
|---|---|---|---|
| **Ofrecer** | Ofrezco | Ofrece | Ofrecemos |
| **Conocer** | | | |
| **Dar** | | | |
| **Hacer** | | | |
| **Poner** | | | |
| **Traer** | | | |
| **Saber** | | | |

CONTINÚA

| Infinitivo | Yo | Él/ella | Nosotros/as |
|---|---|---|---|
| **Salir** | | | |
| **Decir** | | | |
| **Empezar** | | | |
| **Volver** | | | |
| **Pedir** | | | |
| **Dormir** | | | |
| **Mentir** | | | |

**1.5.** **Completa ahora estas oraciones con los verbos correspondientes y aprenderás más costumbres españolas.**

**Decir • Sentarse • Tender • Despertar • Soler**
**Pedir • Acostarse • Empezar • Despedirse • Tener**

1. La mayoría de los universitarios españoles ........................ a trabajar por primera vez al terminar sus estudios.
2. Muchos españoles ........................ a las doce o a la una de la mañana.
3. A veces, los fumadores españoles ........................ cigarrillos a desconocidos por la calle y en los bares.
4. Si ........................ de tu madre porque sales de viaje, normalmente le das solo un beso.
5. Algunos adolescentes ........................ tacos continuamente.
6. En este país la gente ........................ demostrar afecto tocando a los demás.
7. Algunas personas ........................ la costumbre de gritar cuando explican una dirección.
8. En los bares típicos la gente no ........................, sino que se queda en la barra.
9. El ruido de la calle a altas horas ........................ a la gente que no ha salido de marcha ese fin de semana.
10. Los españoles ........................ a quedar mucho en la calle con sus amigos.

# 2 Y... ¿qué te pasó?

**2.1.** **Lee el siguiente texto en el que se narran las aventuras y desventuras de una profesora de español en Japón, publicado en el periódico *El País*.**

**Edad:** 26 años.
**Procede de:** Cáceres.
**Fecha del viaje:** desde junio de 2000 hasta marzo de 2002.
**Itinerario:** Madrid-Japón-China.
**Duración:** veintiún meses.

CONTINÚA

**Motivo.** Las ganas de viajar y la suerte de encontrar un trabajo de profesora de español en Japón, aunque no sabía nada de japonés.

**Qué dijo tu familia.** No pusieron ninguna traba y me apoyaron en todo momento, aunque les costó adaptarse a esa nueva situación, estando yo en un país tan lejano y con tan poca información sobre él.

**Cómo lo financiaste.** Con lo que tenía ahorrado de trabajos temporales en verano.

**Medio de transporte.** Por supuesto, el avión. Cada vez que tenía vacaciones, iba a China, a conocer diferentes partes del país. Por allí me movía en transportes locales.

**El mejor momento del viaje.** Los que compartí con los amigos que hice allí. Ellos me descubrieron el país, su cultura y sus costumbres (tan diferentes a las nuestras). Cuando fueron mis padres a visitarme, fue verdaderamente emocionante.

**El momento más peligroso.** Cuando me ingresaron en un hospital de Osaka debido a una infección. Allí me di cuenta de lo lejos que estaba de casa y de lo sola que me sentía en esos momentos.

**La situación más extraña.** Muchas, desde cómo encontrar una dirección en un mapa japonés a cómo utilizar el cuarto de baño. También en los baños públicos japoneses donde no hay lugar para el pudor.

**La comida más rara.** Las comidas son muy diferentes a las nuestras, pero no tuve ningún problema para adaptarme a sus costumbres culinarias. He tomado mucho arroz y pescado.

**Mereció la pena.** Se lo recomiendo a todo el mundo. Aprendí muchísimo de otras culturas y, sobre todo, a conocerme mejor. Además, me abrió la mente a otras formas de pensar.

**Traba:** obstáculo.
**Pudor:** vergüenza, intimidad.

**2.1.1.** **Subraya todos los verbos en pasado que aparecen en el texto.**

**2.2.** **Coloca los marcadores de tiempo en su columna correspondiente:**

**Hoy • Esta semana • Antes • Anteayer • Anoche • De pequeño • Hace un rato**
**Siempre • El diez de junio • Alguna vez • Ya • Todavía no • El otro día**
**Cuando • En primavera • Hace varios años • Cada vez**

| PRETÉRITO PERFECTO | PRETÉRITO INDEFINIDO | PRETÉRITO IMPERFECTO |
| --- | --- | --- |
| 1. Acción pasada en un periodo de tiempo no terminado.<br>2. Experiencia. | Acción pasada en un periodo de tiempo terminado. | Descripción de:<br>• personas, cosas, lugares...<br>• acciones habituales<br>• circunstancias<br>• planes. |
| | | |

**¿Hay marcadores polivalentes?**

**2.2.1.** **Ahora, clasifica las siguientes frases según la columna correspondiente del ejercicio 2.2.**

1. *He tomado* mucho arroz y pescado.
2. Cada vez que *tenía* vacaciones, *iba* a China.
3. Cuando *fueron* mis padres a visitarme, *fue* verdaderamente emocionante.
4. Financió el viaje con lo que *tenía* ahorrado.

**2.3.** **Elige una forma verbal para cada una de estas frases. ¿Hay alguna donde sea posible usar las dos alternativas?**

1. En España este año *se han casado / se casaron* más de 200 000 personas.
2. Antes, los jóvenes *se independizaron / se independizaban* en la veintena; ahora no.
3. Aún no *se ha disculpado / se disculpó* por haberle gritado.
4. Ya *he aprendido / aprendí* a saludar como lo hacen en Japón.
5. ¿Te *han tratado / Te trataban* alguna vez de usted?
6. El año pasado *he salido / salí* mucho de marcha.
7. Pedro le envió un ramo a Mercedes porque *fue / era* su cumpleaños.
8. Hace dos semanas que me *llamó / ha llamado* para salir.
9. ¡Me alegro de verte! Precisamente hace un momento *hemos hablado / hablamos* de ti.

**2.4.** (BLA) **Recuerda algunas anécdotas que te hayan sucedido en otros países a los que hayas viajado. Cuenta las costumbres que más te sorprendieron y lo que te ocurrió. Puedes tomar notas siguiendo las pautas de la lectura 2.1.**

**2.5.** (BLA) **Contesta individualmente a este cuestionario y después comenta con tu compañero tus respuestas para tratar de averiguar cuál se adaptará más a la cultura española.**

1. **Si te invitan a cenar a las 22.00 y llegas a las 22.20, significará:**
   - **a.** que llegas a tiempo
   - **b.** que eres impuntual
2. **Si estás en el metro y alguien te mira, pensarás que:**
   - **a.** es un maleducado
   - **b.** que quiere "ligar" contigo
   - **c.** que es normal que la gente mire
3. **Si preguntas a una persona que acabas de conocer cuánto gana, te considerará:**
   - **a.** indiscreto
   - **b.** descortés
   - **c.** práctico
4. **Si en una fiesta, una persona rechaza un brindis con alcohol porque después tiene que conducir media hora hasta su casa, se comportará como:**
   - **a.** un aguafiestas
   - **b.** una persona responsable
   - **c.** una persona descortés
5. **En una zona residencial el límite de velocidad es de 30 km/h. Si conduces a 30 km/h cuando no hay gente en la calle, será:**
   - **a.** absurdo
   - **b.** actuar con responsabilidad
6. **Si mientras cenas con un amigo, este juguetea con un objeto personal tuyo, pensarás que:**
   - **a.** es un maleducado
   - **b.** invade tu espacio vital
   - **c.** es normal
7. **Si alguien te presenta a una chica española y esta te da dos besos:**
   - **a.** te sorprenderá
   - **b.** te molestará
   - **c.** le corresponderás de igual manera
8. **Un grupo de amigos va a un restaurante, si cada uno paga por separado según lo que ha comido y bebido, esto se considerará:**
   - **a.** práctico
   - **b.** incorrecto
   - **c.** atípico

# 3 Allí donde fueres, **haz lo que vieres**

**3.1.** **El desconocimiento de otras culturas puede provocar malentendidos culturales que debemos evitar y superar para lograr un mayor entendimiento entre los diferentes países. Lee el siguiente artículo aparecido en un periódico español:**

## ¿Vino de Irán?

Las relaciones entre París y Teherán se han avinagrado por culpa del vino. Esta semana, el presidente iraní ha anulado la visita que tenía previsto realizar a Francia por la negativa de sus anfitriones a renunciar a borgoñas, burdeos y champañas en la mesa durante la cena oficial en el Elíseo. Las autoridades de la república islámica pretendían imponer la ley seca.

El diálogo entre civilizaciones apoyado por el presidente iraní ha chocado con una diferencia cultural entre los dos países.

Ante la misma situación, Roma, el mes pasado, ofreció al presidente un menú semivegetariano regado con agua mineral y zumos de frutas. Pero en Francia resulta inimaginable brindar con agua por la eterna amistad de dos países. Es una cuestión de costumbres.

A favor de la causa vinícola, los franceses observan que sus dirigentes son abstemios cuando visitan países musulmanes donde el consumo de bebidas alcohólicas está prohibido por la ley al igual que en Irán.

Los esfuerzos diplomáticos se concentran ahora en encontrar una fórmula de compromiso para solucionar el problema planteado.

**Se han avinagrado:** se han enfriado.
**Anfitriones:** personas que tienen invitados en su casa o en su país.
**Abstemios:** personas que no beben alcohol.

**3.1.1.** **Contesta a las siguientes preguntas sobre el texto.**

1. ¿Qué te sugiere el título del artículo?
2. ¿Qué ha pasado con las relaciones entre París y Teherán?
3. ¿Qué solución encontró Roma?
4. ¿Qué hizo Francia?

**3.1.2.** **¿Qué consejos les darías para solucionar este malentendido cultural? Coméntalos con tu compañero.**

**Ejemplo:** *Yo, en su lugar, **brindaría** con licor de manzana sin alcohol.*

### Expresiones para aconsejar

| | |
|---|---|
| Yo, en tu lugar, / Yo | + condicional |
| Deberían / Tendrían que / Habría que / Podrían | + infinitivo |

**3.2.** **¿Qué te sugiere el refrán *"Allí donde fueres, haz lo que vieres"*?**

**3.2.1.** Cada país se rige por su propio código cultural. Lee las tarjetas, reacciona y contrasta tu reacción con la de tu compañero.

Te encuentras en la calle con un conocido al que no ves desde hace tiempo; él te saluda, pero tiene prisa y te dice "ya te llamaré", y no te llama.

Hablas con un español y notas que te habla desde muy cerca.

La gente, cuando camina lentamente por la calle, no va por el lado derecho de la acera y, cuando camina a paso rápido, no va por el izquierdo.

Vas en el metro y tienes la sensación de sentirte observado porque te están mirando con cierta intensidad.

Vas a una tienda y el vendedor se pone a hablar de su vida durante un largo rato con un cliente.

Estás en una cena con españoles y estos empiezan a fumar entre plato y plato.

Estás en una verbena española y la gente bebe un "mini" del mismo vaso.

Es tu cumpleaños y un amigo te tira de las orejas.

**3.3.** [1] Escucha a Manuel Mundi hablar de sus experiencias a lo largo y ancho del globo. Lee las frases y decide, después de haber escuchado, si son verdaderas o falsas.

| | Verdadero | Falso |
|---|---|---|
| 1. Manuel Mundi es piloto. | | |
| 2. Eligió esta profesión porque le parecía fascinante, aventurera y romántica. | | |
| 3. A su familia le encantó la elección de esta profesión. | | |
| 4. Conoce el 75% de los países del mundo que tienen costa. | | |
| 5. Un viaje especial ha sido el de Haití con un grupo de jubilados. | | |
| 6. Piensa que los malentendidos se superan con comprensión. | | |
| 7. El momento más peligroso ocurrió el 10 de octubre de 1979 en el Pacífico. | | |
| 8. Las comidas más ricas para él han sido la leche de camella y la carne de perro. | | |
| 9. Esta profesión le ha hecho más solidario. | | |
| 10. Piensa que el ser humano puede adaptarse a todo, excepto al hambre. | | |

**3.3.1.** Escucha de nuevo y completa la información.

1. *Un viaje especial:* ..........................................
2. *Un malentendido cultural:* ..........................................
3. *Una costumbre sorprendente:* ..........................................
4. *Un momento peligroso:* ..........................................
5. *Una comida rara:* ..........................................

**3.4.** Juega a ser viajero como Manuel Mundi y aprende a comunicarte utilizando también los gestos. En parejas, por turnos, tu compañero y tú vais a representar las imágenes que os dará el profesor y a escribir lo que representan en la casilla correspondiente.

**Finalmente, comentad si estos gestos son similares a los de vuestro país.**

AUTOEVALUACIÓN AUTOEVALUACIÓN AUTOEVALUACIÓN

AUTOEVALUACIÓN

**1. Traduce estas frases a tu lengua:**

a. Vamos al cine todos los sábados

b. Hoy he llegado tarde a clase

c. Estuve de viaje durante un mes

d. Era gordo y alto, pero no comía nada

e. Cuando llegó a casa, su madre había salido

f. Mañana vamos a visitar a Juan

g. Me compraré un coche

h. Me prometió que saldría conmigo

**1.1. ¿Cómo has marcado el tiempo de la acción?**

☐ Con una forma verbal

☐ Con marcadores temporales

☐ Con ....................................

**2. En clase, además de la gramática, practicas el español a través de la lectura, audiciones, conversación y escritura, pero fuera de clase, ¿qué objetivos tienes para aprender bien español durante este curso?**

| | Todos los días | 3-4 veces por semana | 2 veces o menos por semana |
|---|---|---|---|
| 1. Revisar los cuadros gramaticales de clase | ☐ | ☐ | ☐ |
| 2. Revisar y corregir los errores detectados en clase | ☐ | ☐ | ☐ |
| 3. Hacer los deberes | ☐ | ☐ | ☐ |
| 4. Hablar al menos durante una hora en español | ☐ | ☐ | ☐ |
| 5. Ver la televisión: series, concursos, películas... | ☐ | ☐ | ☐ |
| 6. Escuchar la radio | ☐ | ☐ | ☐ |
| 7. Leer un libro en español | ☐ | ☐ | ☐ |
| 8. Escribir en "mi diccionario" las palabras o expresiones nuevas que oiga o lea por la calle | ☐ | ☐ | ☐ |
| 9. Viajar a alguna ciudad de habla hispana | ☐ | ☐ | ☐ |
| 10. Hacer visitas culturales relacionadas con España o Hispanoamérica | ☐ | ☐ | ☐ |

AUTOEVALUACIÓN AUTOEVALUACIÓN AUTOEVALUACIÓN

# Unidad 2

*Barcelona. Plaza de España en 1929*

### Funciones comunicativas

- Hablar del pasado. Situar una acción anterior a otra en el pasado
- Controlar la comunicación: repetir, preguntar, dudar, resumir, etc.
- Expresar y provocar curiosidad

### Contenidos gramaticales

- Revisión de pasados
- Pretérito pluscuamperfecto de indicativo: morfología y usos
- Expresiones de curiosidad y sorpresa
- Expresiones de tiempo

### Contenidos léxicos

- Experiencias personales
- Biografías
- Anécdotas
- Sueños y pesadillas

### Contenidos culturales

- Cristobal Colón
- Literatura: Juan José Millás
- Biografía de Enrique Granados
- Argentina: los desaparecidos

# 1 Buscando en **el baúl de los recuerdos**

**1.1.** **Recuerdos del pasado a través de una foto. Escribe los verbos en la forma adecuada.**

No ***me acordaba*** de esta foto. No ***había vuelto a verla*** desde que mi tío (hacer a mí) .......................... La fotografía corresponde a ese pasado de **lazos** que (tener) .......................... todas. Nunca hasta ahora (yo/darse cuenta) .......................... de lo cursi que (nosotras/ser) ........................... (Ser) .......................... mi cumpleaños y con motivo de tal **evento** (ellos/poner a mí) .......................... el vestido de **cintas**, la **medalla**... y el perro para la foto. Siempre (haber) .......................... uno cerca de mí. Es una foto del **pleistoceno**.

¡(Yo/tener) .......................... una cara de **pepona**! (Yo/ser) .......................... la niña de los **remolinos**: el que se ve y otro que no (hacer) .......................... su aparición todavía. (Hacer) .......................... un mes que (yo/pasar) .......................... la **tos ferina**; los médicos me (recomendar) .......................... **cambiar de aires** y mi madre (llevar a mí) .......................... a Zaragoza, por el **cierzo**, y (traer a mí) .......................... de vuelta a mi casa para el cumpleaños.

De niña (yo/pasarse) .......................... el día al aire libre, subiéndome a las ramas de los árboles... En mi casa (nosotros/tener) .......................... un **magnolio** que luego **(trasplantar)** .......................... al colegio donde (yo/estudiar) .........................., y allí está todavía.

(Nosotros/tener) .......................... un **gato siamés**, un ***donjuán*** que (tener) .......................... muchas novias. (Nosotros/acabar) .......................... con diez gatos en el jardín y (encantar a mí) .......................... jugar con ellos, darles de comer... El parque cercano a casa (ser) .......................... mi **infancia**; puedo describir cada **rincón** por donde (correr) .........................., detrás de qué árbol (nosotros/esconderse) ...........................

**1.1.1.** BLA **Ahora, clasifica los verbos en la columna correspondiente.**

| Pretérito indefinido | Pretérito imperfecto | Pretérito pluscuamperfecto |
|---|---|---|
| | Me acordaba | No había vuelto a verla |

**1.1.2.** **Entérate del significado de las palabras y expresiones resaltadas. Busca expresiones sinónimas para todas las que puedas, utilizando un diccionario monolingüe.**

**Ejemplo:** ***Lazo:*** *cinta (para atarse el pelo).*

**1.2.** Ayúdanos a completar este cuadro:

| | | Participio pasado regular | | Participio pasado irregular | | | |
|---|---|---|---|---|---|---|---|
| Yo | había | estudiado | (estudiar) | abierto | (abrir) | | (hacer) |
| Tú | | | (comer) | | (morir) | | (romper) |
| Él/ella/usted | | | (salir) | | (escribir) | | (decir) |
| Nosotros/as | habíamos | | (vivir) | | (freír) | satisfecho | (satisfacer) |
| Vosotros/as | | | (ser) | | (volver) | | (descubrir) |
| Ellos/ellas/ustedes | | | (estar) | | (ver) | | (poner) |

**1.2.1.** **A continuación tienes algunos usos del pretérito pluscuamperfecto. Fíjate en los ejemplos. ¿Puedes buscar en el texto anterior (1.1.) un ejemplo para cada uso?**

- **Expresar una acción pasada** anterior a otra acción pasada también.

  **Ejemplos:** *Ya me lo habían contado, por eso no me sorprendió.*
  *Cuando llegamos a casa, mis padres ya se habían ido.*

- **Expresar una acción posterior** a la del verbo principal, pero con la idea de inmediatez o rapidez de su ejecución.

  **Ejemplos:** *Le pedí un favor, y al rato ya me lo había hecho.*
  *Compré una televisión el lunes, y el martes ya me la habían entregado en casa.*

- **Contar algo que se hace por primera vez** justo en ese momento.

  **Ejemplos:** *Hasta ahora nunca había comido lentejas a la menta.*
  *Nunca había conocido a alguien tan educado y correcto.*

**1.3.** (BLA) **Eres un cotilla y quieres enterarte de la vida de tu compañero. Es un personaje famoso (cantante, actor, etc.) que oculta un oscuro pasado. Esta es tu oportunidad. Pregúntale todo aquello que quieras saber y toma notas. Sorpréndete con lo que te va contando. Puedes utilizar expresiones como:**

¡No me digas! • ¿De verdad? • ¡Madre mía! • ¡Dios mío! • ¡No me lo puedo creer!
¡Sigue, sigue! • ¡Es genial! • ¡Qué curioso! • ¡Nunca había oído nada parecido! • ¡Imposible!
¡Qué divertido! • ¡Quiero saberlo todo con pelos y señales! ¡No te dejes nada!

**1.3.1.** **Con las notas que has tomado sobre las vivencias de tu famoso compañero, explica a la clase lo que creas más interesante.**

# 2 Un poco de **literatura**

**2.1.** **Aquí tienes un texto del escritor Juan José Millás. Pero antes intenta encontrar el significado de las siguientes expresiones. Puedes usar el diccionario.**

1. *Cortar por lo sano* ..........
2. *Volverse loco* ..........
3. *Contener la respiración* ..........
4. *Pura y dura* ..........
5. *Propiedades estupefacientes* ..........
6. *Decorado* ..........
7. *Estar a punto de* ..........
8. *Dicho y hecho* ..........

**2.1.1.** **Ahora, lee:**

De pequeño había oído hablar muchas veces de la sierra de Madrid. Algunos de mis compañeros la conocían, y la gente con dinero presumía de tener casa en Cercedilla. Yo guardaba frente a estos comentarios la perplejidad muda de los niños cuando no entienden una cosa. Una sierra era una herramienta de trabajo. En casa había dos, una para la madera y otra para el hierro. Aprendí a serrar pronto, pues en aquella época hacía mucho bricolaje, aunque entonces no se llamaba así. No se llamaba de ningún modo. Si había que arreglar una puerta, se cogía la sierra, se cortaba por lo sano y punto. Un día, mi padre se compró una Vespa. Yo no tardé en descubrirle el tapón de la gasolina, que se encontraba debajo del asiento. Se parecía a los tapones de las botellas de gaseosa, solo que al abrirlo salía un olor que a mí me volvía loco. Entonces no sabía que tenía propiedades estupefacientes. Todavía no estaba seguro. En cualquier caso, conmigo operaba de ese modo.

Por alguna razón que ahora no recuerdo, un día nos quedamos solos mi padre y yo. Debía de ser julio o agosto. Yo acababa de darme una dosis de gasolina y estaba en el sofá, con los ojos cerrados, preso de una ensoñación.

Entonces apareció mi padre y dijo:

– Nos vamos a la sierra.

– ¿Qué?

– Que nos vamos a la sierra tú y yo ahora mismo, a pasar la tarde.

Dicho y hecho. Nos montamos en la moto y después de una hora o así el paisaje dio un cambio brusco y se convirtió en un decorado. Mi padre me paseó por aquel escenario gigantesco, donde había una roca terrible y lejana, llamada La Mujer Muerta, y me invitó a una Coca-Cola, que en España acababa de ser comercializada. Luego, cuando empezó a atardecer, iniciamos el regreso. En esto, mi padre detuvo la moto en la cuneta y me pidió fijarme en la luz.

CONTINÚA

25 – Fíjate en esta luz. Ahora mismo no es de día ni de noche. Este es el momento de mayor incertidumbre del día. Puede pasar cualquier cosa.

Nos quedamos quietos, en silencio, conteniendo la respiración, pero no ocurrió nada. El sol cayó unos metros más y el atardecer se convirtió en noche pura y dura.

– Ya ha pasado el peligro –dijo mi padre–. Vámonos.

30 Dio una patada al pedal de arranque, rugió el motor de la Vespa y, cuando ya estábamos a punto de montarnos, añadió:

– Dentro de muchos años, cuando tú seas una persona mayor y yo ya no esté entre vosotros, tendrás tu propio coche y pasearás por este paisaje más de una vez. Es posible que en alguna ocasión pasees a esta misma hora y recuer-
35 des este día en el que tú y yo vinimos juntos a la sierra. Si es así, detén el automóvil un instante y permanece atento a lo que suceda en el aire: si ves pasar un pájaro negro, ese pájaro negro seré yo.

NOTA: *Vespa:* marca popular de motocicleta.

El País Digital

**2.1.2.** **Completa esta información según el texto:**

1. *La palabra sierra significa:* *1.* ..........
   *2.* ..........
2. *Al abrir el tapón de la gasolina* ..........
3. *Era una tarde del mes de* ..........
4. *La Coca-Cola era un producto* ..........
5. *La intención de su padre era transmitirle* ..........
6. *He tenido un momento similar con mi padre/madre/hermano... cuando* ..........

..........

**2.2.** **Fíjate en estas imágenes. ¿Cuál de ellas elegirías como más representativa de esta historia? ¿Por qué?**

**2.3.** **Subraya en el texto los verbos que están en pretérito imperfecto, en pretérito indefinido y en pretérito pluscuamperfecto, con diferentes colores, y explica la razón de su uso.**

**Ejemplo:** *Había oído hablar.* → *acción anterior a otra pasada*

# 3 Va de **música**

**3.1.** **Estas fotos son representativas de la vida del famoso músico español Enrique Granados. Con los datos que te transmiten estas fotos, inventa su biografía.**

**3.1.1.** [2] **Ahora, escucha con atención y compara tu versión con la real. Corrige los datos que no coincidan.**

1. *¿Dónde nació?*......................................................................
2. *¿Dónde cursó estudios?* ........................................................
3. *Es concertista de...* .................................................................
4. *¿En qué está inspirada su obra maestra?* ..................................
5. *¿Dónde se representó por primera vez su ópera "Goyescas"?* ..........
6. *¿Cuándo y cómo murió?*...........................................................

Fíjate: el texto de la audición está en presente. Se llama *presente histórico* y se usa para hablar con mayor expresividad de hechos que sucedieron en el pasado.

**Ejemplo:** *Colón descubre América en 1492.*

**3.2.** **Ahora te toca a ti. Cuéntanos tu biografía hasta el momento, o la de alguien a quien conozcas muy bien.**

**4.1.** Observa estas viñetas y cuéntanos el primer día de colegio de Manuel.

**4.1.1.** **Ahora, escribe esta historia utilizando los nexos que aparecen en el siguiente cuadro.**

**Ejemplo:** *Era el primer día de colegio,* ***por eso*** *Manuel se levantó antes de lo habitual...*

- **Consecuencia:** por eso, por tanto, por esta razón, por este motivo...
- **Causa:** como, porque, es que...
- **Tiempo:** cuando, al cabo de, después (de), antes (de), en ese momento...
- **Ideas casi contrarias:** pero, sin embargo...
- **Simultaneidad:** mientras, al mismo tiempo...
- **Organizar por partes:** por un lado... por otro (lado), primeramente/en primer lugar... en segundo (lugar), finalmente/al final...

**4.2.** **Escucha y corrige la siguiente información.** [3]

1. *Cuando estaba en la universidad siempre tenía mucho que leer, pero, por suerte, pocos exámenes.*
2. *Los años que pasé allí fueron muy aburridos porque nunca pasaba nada.*
3. *Tardé mucho tiempo en encontrar trabajo después de terminar la carrera.*
4. *He cambiado de empresa varias veces.*
5. *Gertrudis y yo nos llevábamos muy mal, pero al final nos enamoramos.*
6. *Tuvimos un noviazgo muy largo.*
7. *Nuestra boda fue un acontecimiento familiar. La celebramos en Segovia.*
8. *Siempre se me había considerado una persona poco formal.*

**4.3.** Une las frases de las columnas de forma que tengan sentido.

| | | | |
|---|---|---|---|
| 1 | Había comenzado a nevar | a | después de salir del trabajo. |
| 2 | Viajé hasta Guadalajara | b | pero estaba ya despierto. |
| 3 | Conocí a Sandra | c | cuando todavía era una niña. |
| 4 | Decidí hacer el doctorado | d | después de terminar la carrera. |
| 5 | Sonó el despertador | e | cuando eran las 24:00. |
| 6 | Fuimos al parque | f | cuando había amanecido. |
| 7 | Regresé a mi casa a las 10:00 | g | pero no había anochecido. |
| 8 | Me acosté | h | porque estaba cansado. |
| 9 | Llamaron por teléfono | i | por eso volvimos a casa. |

**4.3.1.** Ahora, compáralas con las de tus compañeros.

**4.3.2.** Escoge una de las frases completa de antes y, a partir de ella, invéntate una pequeña historia, pero antes de contarla, organiza tus ideas.

# 5 Desaparecidos

**5.1.** ¿Qué te sugieren estas fotos? ¿Las relacionas con algún acontecimiento del pasado argentino? Coméntalo con tus compañeros.

## 5.2. Ahora, lee este texto.

En Argentina, un 24 de marzo de 1976, un golpe militar destituyó a la entonces Presidenta Constitucional, María Estela Martínez, viuda de Perón, más conocida como Isabelita. Una junta militar tomó el poder y lanzó una sistemática e implacable persecución y captura de militantes políticos, activistas sociales y ciudadanos que ejercían sus derechos constitucionales, que fueron eliminados sin saber aún hoy su paradero: los desaparecidos. Para miles de familias argentinas, esta palabra se convirtió en símbolo de una prolongada y dolorosa pesadilla.

Durante años, sucesivos dictadores militares sepultaron la memoria de miles de argentinos. Con el retorno de la democracia, en 1983, los gobiernos argentinos no reconocieron la tragedia que habían vivido los familiares y amigos de las víctimas. Tan solo la voz de un grupo de mujeres, madres y abuelas, se hizo escuchar reclamando saber el destino de sus hijos y nietos, algunos de ellos aún sin nacer, mientras se gestaban.

En medio del horror y de la barbarie, ellas se fueron levantando, encontrando y reconociendo. Dándose mutuos consejos, ideas y fuerza, comprendieron rápidamente que la lucha individual no daba resultado y decidieron trabajar juntas y organizadamente. Es así como el 30 de abril de 1977 hacen su primera aparición en la Plaza de Mayo que luego les daría el nombre y pasaría a ser de ellas para siempre.

Su amor claro y justo fue de una valentía tal que los propios verdugos se sorprendieron y creyeron que las fuerzas de estas mujeres se acabarían pronto; las llamaron "las locas". Las amenazaron, las golpearon, las persiguieron, y hasta secuestraron a algunas de ellas; pero la lucha iniciada siguió creciendo firme, coherentemente y sobrevivió a la misma dictadura.

Cuando ya en democracia se decidió poner "Punto Final", y correr la cortina de la impunidad sobre los delitos de lesa humanidad cometidos, las Madres no cayeron en trampas ni se dejaron engañar o comprar con indemnizaciones, homenajes o monumentos y les dijeron al país y al mundo que la vida no tiene precio y que la dignidad no es atributo de los corruptos.

Adaptado de www.bolina.hsb.se/hsidor/o-diessler/historia.htm

### 5.2.1. Define estos términos con tus propias palabras. Puedes usar el diccionario.

- Golpe militar
- Activistas sociales
- Paradero
- Retorno
- Atributo
- Lucha
- Verdugos
- Tomar el poder
- Sepultar la memoria
- Hacerse escuchar
- Gestarse
- Correr la cortina
- Caer en la trampa
- Dejarse engañar

### 5.2.2. BLA Ahora que tenéis más información, entre todos comentad este doloroso acontecimiento. ¿Qué os parece la iniciativa de las Madres de Plaza de Mayo?

## 5.3. [4] Escucha cómo se conocieron las primeras catorce Madres de Plaza de Mayo, y contesta a las preguntas que se hacen a continuación.

1. *¿Cuándo surgió la idea de juntarse?*
2. *¿Por qué decidieron unirse?*
3. *¿Cómo se llamaba el general que presidía la junta militar en aquel momento?*
4. *¿Por qué eligieron reunirse en la Plaza de Mayo?*
5. *¿Qué día de la semana y a qué horas acordaron reunirse? ¿Por qué?*
6. *¿Qué simboliza la pirámide que hay en la plaza?*
7. *¿Cuándo se dieron a conocer internacionalmente?*

**5.4.** Escucha la canción de Rubén Blades en la que se habla de cuatro desaparecidos [5] y señala las estrofas en donde se describe a cada uno y a las personas que los buscan.

## Desapariciones

Letra y música: Rubén Blades

Que alguien me diga si han visto a mi esposo,
preguntaba la Doña.
Se llama Ernesto X, tiene cuarenta años,
trabaja de celador, en un negocio de carros,
llevaba camisa oscura y pantalón claro.
Salió anoche y no ha regresado,
y no sé ya qué pensar.
Pues esto antes no me había pasado.
Llevo tres días
buscando a mi hermana,
se llama Altagracia,
igual que la abuela,
salió del trabajo pa´ la escuela,
llevaba unos jeans y una camisa clara,
no ha sido el novio, el tipo está en su casa,
no saben de ella en la PSN ni en el hospital.
Que alguien me diga si han visto a mi hijo,
es estudiante de pre-medicina,
se llama Agustín y es un buen muchacho,
a veces es terco cuando opina,
lo han detenido, no sé qué fuerza,
pantalón claro, camisa a rayas,
pasó anteayer.
Adónde van los desaparecidos,
busca en el agua y en los matorrales,
y por qué es que se desaparecen,
por qué no todos somos iguales.
Y cuándo vuelve el desaparecido,
cada vez que lo trae el pensamiento,
cómo se le habla al desaparecido,
con la emoción apretando por dentro.
Clara, Clara, Clara Quiñones se llama mi madre,
ella es, ella es un alma de Dios,
no se mete con nadie.
Y se la han llevado de testigo
por un asunto que es nada más conmigo,
y fue a entregarme hoy por la tarde
y ahora dicen que no saben quién se la llevó del cuartel.
Anoche escuché varias explosiones,
patún, pata, patún, pete,
tiro de escopeta y de revólver,
carros acelerados, frenos, gritos,
eco de botas en la calle,
toque de puertas por dioses, platos rotos,
estaban dando la telenovela
por eso nadie miró pa' fuera.
Adónde van los desaparecidos,
busca en el agua y en los matorrales,
y por qué es que se desaparecen,
por qué no todos somos iguales.
Y cuándo vuelve el desaparecido,
cada vez que lo trae el pensamiento,
cómo se le habla al desaparecido,
con la emoción apretando por dentro.

**5.4.1.** Observa estas fotos de personas desaparecidas en la misma situación y describiéndolas sigue la canción.

**Mónica María Candelaria Mignone**
24 años. Psicopedagoga en el Hospital Piñeiro (Buenos Aires).

Desaparecida el 14 de mayo de 1976, cuando a las cinco de la mañana un grupo de hombres entró en el departamento de la familia.

**José Aguilar Bracesco**
21 años. Estudiante de Historia.

Desaparecido el 18 de mayo de 1976 en Córdoba. No hay testimonio de su paso por un Campo de Concentración.

## AUTOEVALUACIÓN

1. **Apunta todas las palabras nuevas que has conocido en esta unidad y sus significados.**
2. **¿Qué estructuras gramaticales has aprendido?**
3. **¿Para qué sirve lo que has aprendido?**
4. **¿Qué cosas has hecho solo y qué cosas has hecho en grupo?**
5. **¿Qué información interesante has descubierto?**

# Unidad 3

## Funciones comunicativas

- Conceder permiso
- Convencer, atraer la atención y animar a la acción. Persuadir
- Dar instrucciones
- Dar consejos, recomendaciones y soluciones
- Dar órdenes
- Ofrecer algo
- Mostrar desacuerdo

## Contenidos gramaticales

- Imperativo negativo regular e irregular
- Imperativo + pronombres
- Imperativos fosilizados:
  - Venga
  - Vamos
  - Mira

## Contenidos léxicos

- En el gimnasio
- Léxico del cuerpo: verbos de movimiento corporal

## Contenidos culturales

- El Feng Shui
- Literatura: Juan Ramón Jiménez
- *La bilirrubina* de Juan Luis Guerra
- Español de América: uso del imperativo

# 1 Imperativamente

**1.1.** Aquí tienes diferentes mensajes; relaciónalos con lo que comunican.

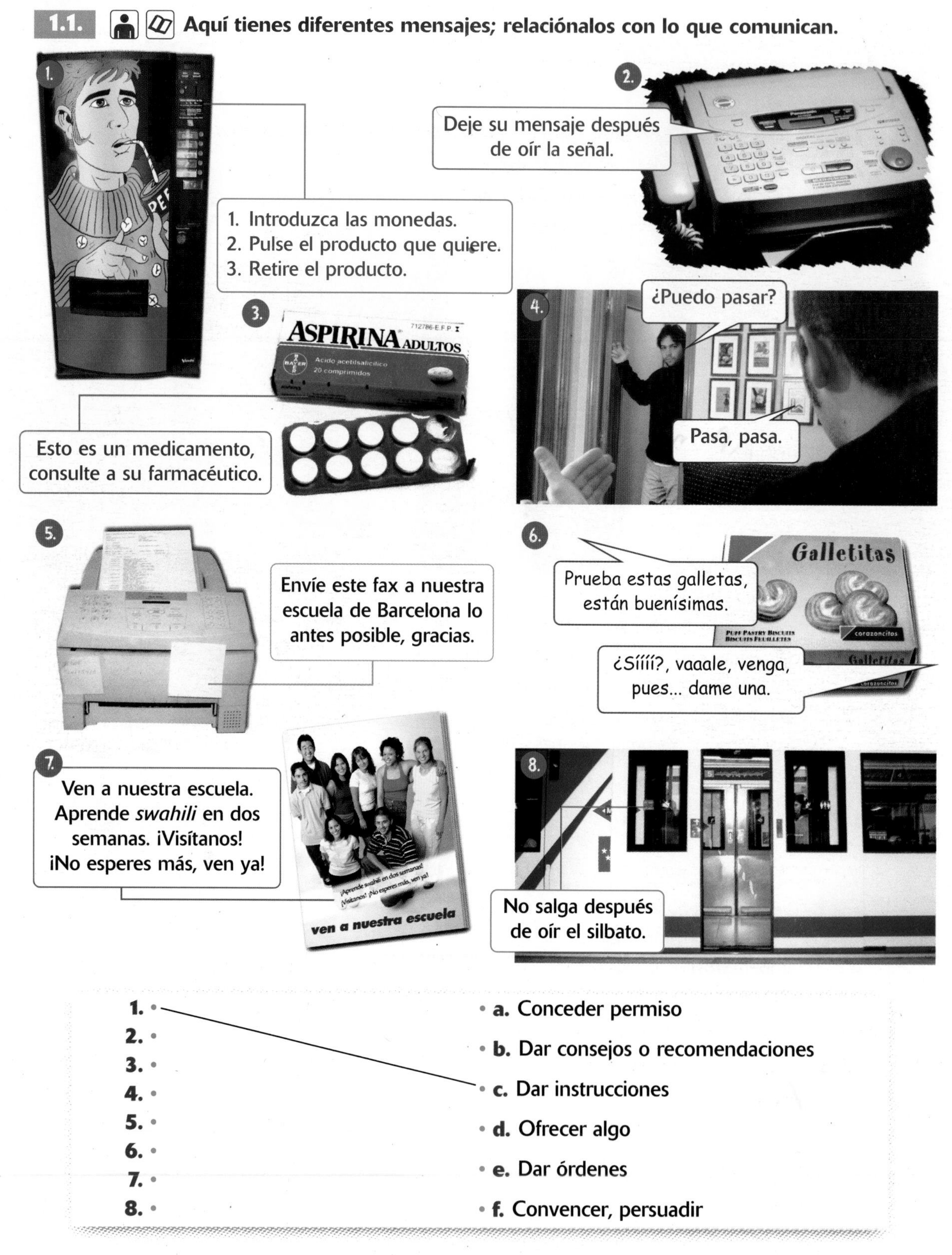


| | |
|---|---|
| **1.** | **a.** Conceder permiso |
| **2.** | **b.** Dar consejos o recomendaciones |
| **3.** | **c.** Dar instrucciones |
| **4.** | **d.** Ofrecer algo |
| **5.** | **e.** Dar órdenes |
| **6.** | **f.** Convencer, persuadir |
| **7.** | |
| **8.** | |

**1.1.1.** Ahora, con tu compañero, pensad dónde habéis visto mensajes parecidos.

**Ejemplo:** *El número ocho lo he visto en el vagón del metro, ¿y tú?*

# Busque y compare 2

**2.1.** **Como has visto, el imperativo tiene muchas funciones en español. ¿Qué función o funciones se aplican en la publicidad?**

**2.1.1.** **Lee los anuncios que tienes a continuación y, con tu compañero, decide:**

1. ¿Qué tipo de información dan?
2. ¿A qué tipo de cliente se dirigen?
3. ¿Crees que son originales? ¿Por qué?

- Para ***convencer***, usamos **imperativo:**
  ***Cómprese*** *este coche.*
- Para ***atraer la atención*** y ***animar a la acción***, además del imperativo, hay otras expresiones que ayudan a convencer:
  - *Hazme/Hágame caso* + imperativo + (hombre/mujer/señor/señora).
    ***Hágame caso, compre*** *este coche,* ***hombre****, es el mejor.*
  - *Mira/Mire* + información para convencer.
    ***Mira,*** *este coche tiene aire acondicionado.*
  - *Venga* + (imperativo).
    ***Venga,*** *cómprate este coche.*
  - *Vamos* + (imperativo).
    ***Vamos,*** *cómpratelo.*
- Para ***atraer la atención sobre un detalle*** o ***una parte de la información***, usamos:
  - *Fíjate/Fíjese que...*
    ***Fíjese que*** *este coche es el único de color pastel.*

**2.1.2.** **Señala y escribe los imperativos de los anuncios y di la persona y el infinitivo.**

1. ..............................................
2. ..............................................
3. ..............................................

En los mensajes del principio y en los anuncios has encontrado el imperativo en forma afirmativa y negativa. Fíjate cómo cambia la forma.

## Imperativo negativo

Las formas del imperativo negativo son diferentes de las del imperativo afirmativo en las personas **tú** y **vosotros/as**.

| | verbos en -AR | | verbos en -ER | | verbos en -IR | |
|---|---|---|---|---|---|---|
| Tú | habl**a** | no habl**es** | com**e** | no com**as** | escrib**e** | no escrib**as** |
| Usted | habl**e** | no habl**e** | com**a** | no com**a** | escrib**a** | no escrib**a** |
| Vosotros/as | habl**ad** | no habl**éis** | com**ed** | no com**áis** | escrib**id** | no escrib**áis** |
| Ustedes | habl**en** | no habl**en** | com**an** | no com**an** | escrib**an** | no escrib**an** |

Si quieres aprender rápido el imperativo negativo solamente tienes que saber la forma del imperativo afirmativo de **usted**, y añadir una **-s** para tú, e **-is** para la persona **vosotros/as**.

*Usted* { *coma +* ***s*** ⇨ *(tú) no coma**s***
*Usted* { *coma +* ***is*** ⇨ *(vosotros) no comá**is***

| Usted | Tú | Vosotros/as |
|---|---|---|
| *trabaje más* | *no trabaje-s* | *no trabajé-is* |
| *venda más* | *no venda-s* | *no vendá-is* |
| *abra pronto* | *no abra-s* | *no abrá-is* |

**2.2.** **La agencia de publicidad "PUBLORIGINAL" quiere ser demasiado original y te ha pedido que transformes estas frases cambiando los verbos al imperativo negativo. ¡El resultado a veces es un poco extraño, pero ellos son los jefes!**

1. Habla con tu agencia, es mejor
2. Comed sano con Frutisa
3. Viva en el centro de Madrid
4. Escribe a tus amigos con pluma "Lince"
5. Escuchad buena música con los cascos "Sonac"
6. Lee con gafas "Optimás"
7. Viajad con "Master Pard"
8. Abrid los ojos en Asturias
9. Entren en el maravilloso mundo de Sara
10. Compara y compra en nuestra tienda

**2.3.** **Los verbos que cambian sus vocales** *e > ie* **y** *o > ue* **en el presente de indicativo también lo hacen en el imperativo. Completa los cuadros.**

| | cerrar | | volver | |
|---|---|---|---|---|
| Tú | cierra | no ______ | ______ | no vuelvas |
| Usted | ______ | no cierre | ______ | no ______ |
| Vosotros/as | cerrad | no cerréis | volved | no ______ |
| Ustedes | ______ | no ______ | ______ | no vuelvan |

En imperativo negativo, los verbos que cambian *e>i* mantienen la irregularidad en la persona *vosotros/as: pedid - no pidáis.*

En los verbos *dormir* y *morir*, la **o** del infinitivo se transforma en **u**: *dormid - no durmáis.*

**2.3.1.** **Completa:**

| Pedir | imperativo afirmativo | imperativo negativo |
|---|---|---|
| Tú | Pide | |
| Usted | | No pida |
| Vosotros/as | Pedid | No pidáis |
| Ustedes | Pidan | |

| Dormir | imperativo afirmativo | imperativo negativo |
|---|---|---|
| Tú | | No duermas |
| Usted | Duerma | No duerma |
| Vosotros/as | Dormid | |
| Ustedes | Duerman | |

**2.3.2.** **Fíjate en el verbo *tener*. ¿Puedes completar los otros verbos?**

| Tener | imperativo afirmativo | imperativo negativo |
|---|---|---|
| Tú | ten | no tengas |
| Usted | tenga | no tenga |
| Vosotros/as | tened | no tengáis |
| Ustedes | tengan | no tengan |

| Venir | imperativo afirmativo | imperativo negativo |
|---|---|---|
| Tú | ven | |
| Usted | | |
| Vosotros/as | | |
| Ustedes | | no vengan |

| Poner | imperativo afirmativo | imperativo negativo |
|---|---|---|
| Tú | | |
| Usted | ponga | |
| Vosotros/as | | no pongáis |
| Ustedes | | |

| Hacer | imperativo afirmativo | imperativo negativo |
|---|---|---|
| Tú | haz | no hagas |
| Usted | | |
| Vosotros/as | | |
| Ustedes | | |

| Salir | imperativo afirmativo | imperativo negativo |
|---|---|---|
| Tú | | |
| Usted | | no salga |
| Vosotros/as | salid | |
| Ustedes | | |

| Conocer | imperativo afirmativo | imperativo negativo |
|---|---|---|
| Tú | conoce | |
| Usted | | |
| Vosotros/as | | no conozcáis |
| Ustedes | | |

**2.3.3.** **Completa:**

Los verbos que son irregulares solo en .................................... del presente de indicativo, verbos en **-acer**, **-ecer**, **-ocer**, **-ucir**, como **nacer**, **parecer, conocer**, **conducir** forman el imperativo negativo a partir de la 1.ª persona del singular. También los verbos: TENER, ...................................., PONER, HACER y ....................................

## 2.3.4. Otros verbos irregulares:

| ir | | ser | | estar | |
|---|---|---|---|---|---|
| ve | no ............... | sé | no seas | está | no ............... |
| vaya | no vaya | sea | no ............... | esté | no ............... |
| id | no vayáis | sed | no ............... | estad | no ............... |
| vayan | no ............... | sean | no sean | estén | no estén |

En el **imperativo afirmativo** los pronombres van pospuestos al verbo y unidos a él. Sin embargo, en el **imperativo negativo** van delante del verbo y separados:

**Ejemplo:** Imperativo afirmativo → Imperativo negativo

- *Levánta**te*** → *No **te** levantes*
- *Da**le** el examen* → *No **le** des el examen*

## 2.4. Pon estas frases en negativo y cambia las expresiones de tiempo por otras. Usa, cuando puedas, los pronombres objeto:

1. *Dale el regalo mañana.* No le des el regalo mañana, dáselo ahora.
2. *¿El ejercicio? Corregidlo ahora.* ..............................
3. *Espérame a las dos en la puerta.* ..............................
4. *¿La película? Vete a verla esta noche al cine Odeón.* ..............................
5. *Dale los 50 euros ahora mismo.* ..............................
6. *Levantaos pronto.* ..............................
7. *¿La falda? Cómprala esta tarde.* ..............................
8. *Llévate el paraguas el jueves.* ..............................
9. *Dúchense mañana con agua fría.* ..............................
10. *Llámalo otro día.* ..............................

## 2.4.1. Ahora, con tu compañero, piensa en lo que quieren comunicar las frases del ejercicio anterior.

## 2.5. Ahora, tú vas a hacer un anuncio de publicidad, piensa en las preguntas de la actividad 2.1.1. y elige tu producto. ¡No olvides los imperativos negativos! ¡Ni que muchos creativos de publicidad son "demasiado originales"!

**3.1.** Fíjate en estos consejos para cuidar tus pies. Discute con tus compañeros qué consejos darías para cuidar otra parte del cuerpo. Escríbelos.

trucos para mimar los pies

1 Cambia varias veces al día la altura del tacón de los zapatos y no estés de pie mucho tiempo.

2 Su higiene. Empieza por la mañana. Cepíllalos con un cepillo de cerda dura.

3 Masajéalos presionando la planta del pie y haciendo circular la sangre hacia las rodillas.

4 Aplícate a diario una crema hidratante, insistiendo sobre las zonas más duras.

5 Hazte una pedicura cada quince días.

trucos para mimar ....................

1 ....................................
....................................
....................................

2 ....................................
....................................
....................................

3 ....................................
....................................
....................................

4 ....................................
....................................
....................................

5 ....................................
....................................
....................................

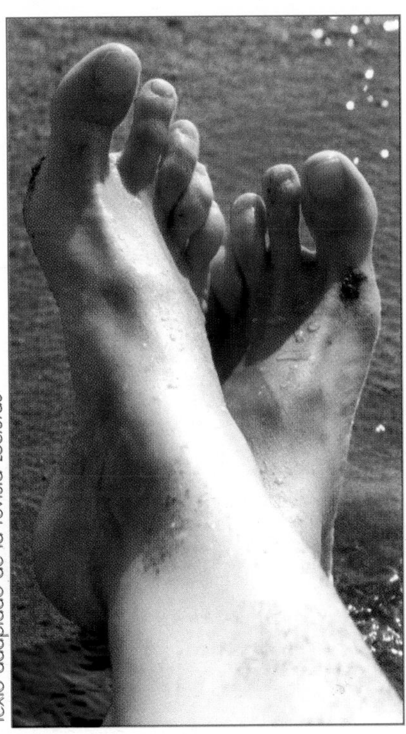

Texto adaptado de la revista *Lecturas*

**3.2.** Vas a leer un artículo sobre el "FENG SHUI", ¿sabes qué es?

## FENG SHUI en tu mesa de trabajo

Todos sabemos que para trabajar mejor o para estudiar en buenas condiciones necesitamos estar relajados. ¿Sabes si tu escritorio está rodeado de energía positiva? Para ello, necesitarás conocer algunas nociones de *feng shui,* una técnica nacida hace más de 4000 años en China y que se basa en dos principios fundamentales: que somos producto y reflejo de lo que nos rodea, y que todos los lugares y objetos están vivos gracias a una energía vital que se llama *chi.*

El *feng shui* puede ayudarte a crear un ambiente más estimulante y armonioso donde estudias o trabajas. No importa si es en una oficina, en una tienda o en tu casa. Uno de los aspectos más importantes es la orientación de la mesa. Aquí te ofrecemos algunas normas básicas.

Nunca coloques el escritorio de forma que la puerta esté detrás de tu espalda: tu atención se dirigirá hacia atrás y eso será negativo para tu concentración. Evita también sentarte muy cerca de una ventana o tenerla a tu espalda. Si no es posible evitar esto, pon plantas en la ventana como protección.

Si la mesa se encuentra entre la puerta de entrada y la ventana, estarás en medio de un movimiento de energía que te hará sentir incómodo: rómpelo colocando una planta, un biombo o una estantería.

Otro punto importante: deja más espacio vacío delante que detrás de ti y no te sientes frente a una esquina o columna, ni debajo de una viga del techo: tendrás dolores de cabeza. Para terminar, es mejor tener el ordenador y el teléfono a la derecha.

**3.2.1.** Pregunta a tu compañero las palabras que no conoces, también puedes consultar un diccionario o a tu profesor.

**3.2.2.** Ahora, dile a tu compañero que te explique cómo es su lugar de trabajo o de estudio. Dibújalo en un papel para después, según el ***Feng Shui,*** recomendarle algunos cambios para que tenga energía positiva en ese espacio.

**Ejemplo:** *Pon el ordenador al otro lado.*

**3.3.** [6] **Escucha a María, que es un poco quejica, y a sus amigos. ¿Qué le pasa a María? ¿Qué le dicen sus amigos?**

**3.3.1.** **¿Tenéis algún amigo quejica al que siempre le duele algo? ¿Qué le decís en esos casos?**

- Para aconsejar y proponer ideas se usa:
  - ***¿Por qué no*** *+ presente de indicativo?*
  - ***¿Y si*** *+ presente de indicativo?*

**3.4.** **Con tu compañero y la ayuda de un diccionario, relaciona las partes del cuerpo humano con las palabras de la lista.**

- La cintura
- La nuca
- La planta del pie
- La rodilla
- La barbilla
- Las caderas
- Los codos
- Los hombros
- Los riñones
- Los talones
- Los muslos
- El abdomen

Algunos músculos:

- Los abdominales
- Los glúteos
- Los pectorales
- Los gemelos

**3.4.1.** Ahora, lee los verbos del cuadro y pregunta a tu compañero el significado de los que no conozcas. Podéis consultar un diccionario.

Mover • Bajar • Girar • Doblar • Levantar
Contraer • Relajar • Estirar • Tumbarse • Repetir

**3.4.2.** Estas son las frases favoritas de un profesor de gimnasia. Relaciona cada globo con la característica que lo define. Gana la pareja más rápida.

1\.
No te muevas.
Vuelve la espalda.
Cierra las piernas.
No duermas con almohada.
Empieza el ejercicio.

2\.
Túmbate.
No os mováis.
Levántese.
Relajaos.
Dúchate.

3\.
Haz pesas.
No vengas rápido.
Sal del gimnasio.
Tened cuidado.
Pon las manos en la cintura.

- Irregularidad vocálica
- Verbos en -ar
- Reflexivos
- Persona *tú*
- Irregularidad total

4\.
No hables.
Respira profundamente.
No fumes.
Salta a la cuerda.
Relájate dos minutos.

5\.
Gira la cabeza.
Levanta la pierna.
Estira el brazo.
No bajes la barbilla.
Relaja los músculos.

**3.4.3.** BLA Ahora eres tú el profesor de gimnasia. Da instrucciones a tu compañero para hacer ejercicios y verifica que lo hace bien.

**3.5.** Fíjate en estos sustantivos de acción y completa el cuadro:

| | |
|---|---|
| 1. Mover el movimiento | 5. Contraer la ........ |
| 2. Levantar el ........ | 6. Repetir la ........ |
| 3. Estirar el ........ | 7. Respirar la ........ |
| 4. Relajar la relajación | |

**3.5.1.** **Escribe cinco verbos relacionados con la gimnasia y pásaselos a tu compañero para que busque el sustantivo correspondiente.**

**3.5.2.** **Ahora, completad las frases usando las palabras del cuadro:**

**inspiración • contracción • estiramiento • movimientos**
**relajación • repeticiones • levantamiento**

1. Antes de esquiar, es necesario hacer unos ejercicios de ................................ .
2. Haz una ................................ profunda y relájate.
3. Después de 10 ................................, gírate y repite el ejercicio con la otra pierna.
4. A continuación, realiza los ................................ cambiando de lado.
5. El ................................ de pesas es un deporte ideal para trabajar los músculos pectorales y los brazos.
6. Después de terminar la tabla de ejercicios, hacemos cinco minutos de ................................ .
7. La ................................ de los músculos pectorales se consigue juntando los codos.

**3.6.** **Estos son objetos que pueden encontrarse en un gimnasio. Relacionad la información.**

1. 2. 3. 4. 5. 6. 7.

a. Sirve para realizar ejercicios en el suelo, sobre todo los famosos abdominales.

b. Después de tu clase de gimnasia, lo mejor es relajarte en ella.

c. Las tienes de diferente peso y sirven para trabajar, por ejemplo, los músculos de los brazos.

d. Sirve para tonificar las piernas; pedaleas y pedaleas, pero no avanzas.

e. Pesa mucho y no sirve para jugar al fútbol, sino para trabajar brazos y para estiramientos de espalda, entre otros.

f. Las tienes en todos los gimnasios, las hay de diferentes clases para trabajar todos los músculos del cuerpo.

g. Igual que con la bicicleta estática, corres y corres, pero no avanzas.

**3.6.1.** **Ahora, relacionad los objetos con estos verbos (algunos tienen más de una posibilidad).**

1. *Montar en* ................................
2. *Hacer* ................................
3. *Levantar* ................................
4. *Caminar en* ................................
5. *Coger* ................................
6. *Subirse a* ................................
7. *Tumbarse en* ................................
8. *Meterse en* ................................

**3.7.** Sois tres amigos y estáis en un gimnasio; escuchad las explicaciones del profesor.

## alumno a

Tienes una serie de dudas y problemas con respecto a tu estado físico y quieres que te aconsejen tus amigos.

- Quieres trabajar los músculos de los brazos.
- Tienes demasiada barriga y estómago.
- Empiezas a tener celulitis en las piernas.
- Cuando corres un poco, tu corazón no aguanta.
- Tienes una contractura en la espalda.
- Tienes la piel un poco mal, con granos no solo en la cara, sino también en la espalda.

**Para pedir consejo usa:**

- *¿Qué hago?*
- *¿Qué me aconsejáis?*
- *¿Qué es lo mejor?*
- *Dadme ideas.*

## alumno b

**Te encanta dar consejos, siempre tienes ideas, aconseja al alumno a y no escuches al alumno c. Recuerda el léxico de las actividades anteriores.**

Para **aconsejar** usa:
- Imperativo
- *¿Por qué no* + presente indicativo?
- *¿Y si* + presente indicativo?

## alumno c

Te cae muy mal el **alumno b**; aconseja a tu amigo, el **alumno a**, negando todos los consejos que le dé el **alumno b**. Recuerda el léxico de las actividades anteriores.

**Para mostrar desacuerdo usa:**

- *¿Qué dices?*
- *No lo escuches.*
- *No tiene ni idea.*
- *Escúchame a mí.*
- Imperativo negativo.

**Ejemplo:** alumno a: *No sé qué hacer, tengo los brazos "fofos".*
alumno b: *¿Por qué no haces levantamiento de pesas? Diez minutos todos los días, por ejemplo.*
alumno c: *¿Qué dices? No hagas diez minutos, haz veinte por lo menos.*

**¡Recuerda!**
- con el **imperativo afirmativo** los pronombres van después del verbo y unidos a él.
- con el **imperativo negativo** siempre van delante.

**3.8.**   **Escucha y reacciona.**
[7]

**3.8.1.** **Ahora, uno de vosotros es el que inventa unas instrucciones que los demás debéis seguir.**

**¡Fíjate!**
En español, para expresar condiciones posibles en el futuro usamos:
***Si*** + presente de indicativo
Esta estructura se suele usar cuando damos consejos o recomendaciones.

**3.9.** Ahora, haz recomendaciones:

1. Si sudas mucho *(no usar camisetas de nylon)* Si sudas mucho, no uses camisetas de nylon.
2. Si tienes barriga, ..........
3. Si os duelen los riñones, ..........
4. Si tiene mal el cuello, ..........
5. Si tienes mal los huesos, ..........

**3.10.** **Con la ayuda de estas fotos, escribe a tu compañero las instrucciones para realizar los movimientos que hay en los ejercicios de esta tabla.**

alumno a

alumno b

**Ejemplo:** *Abre las piernas, pon la mano izquierda en la cintura, levanta el brazo derecho completamente...*

AUTOEVALUACIÓN

1. **Piensa y escribe:**

   **Lo más interesante de esta unidad** ..........
   **Lo más confuso de esta unidad** ..........
   **La actividad más divertida** ..........
   **La actividad más complicada** ..........

2. **Imagínate que eres el profesor de gimnasia. Haz una lista de palabras que usarías constantemente en tus clases.**

3. **¿Recuerdas para qué sirve en la comunicación el imperativo?**

En esta unidad se ha dedicado una especial atención al léxico; piensa que en el nivel en el que estás tienes que ampliar tu repertorio de palabras, no solo a la hora de reconocerlas, sino a la hora de usarlas cuando hablas o escribes.

# Unidad 4

*Universidad Cisneriana. Alcalá de Henares (Madrid). España*

**Funciones comunicativas**
- Expresar deseos
- Reaccionar ante un deseo
- Animar a alguien

**Contenidos gramaticales**
- Presente de subjuntivo: morfología, regular e irregular
  - Ojalá
  - Espero que
  - Deseo que
  - Quiero que

**Contenidos léxicos**
- Los estudios

**Contenidos culturales**
- La universidad española
- El sistema educativo en España
- Literatura: Juan Ramón Jiménez

# 1 Que **sea** lo que Dios **quiera**

**1.1.** **Fíjate en las expresiones que hay debajo; las usamos todas para desearle algo a otras personas. Son fórmulas, casi clichés, que aparecen normalmente en situaciones muy determinadas, como las que tienes en las viñetas. ¿Por qué no relacionas cada frase con el contexto correspondiente? Algunas son polivalentes.**

- ◯ Ante un examen, una entrevista de trabajo o cualquier otro tipo de prueba.
- ◯ Ante un día difícil o un trabajo duro.
- 1 A una persona enferma.
- ◯ En Nochevieja.
- ◯ A alguien que se casa.
- ◯ A alguien que cumple años.

CONTINÚA

- A alguien que se va a dormir.
- A alguien que está comiendo o va a comer.
- A alguien con quien estás muy enfadado.
- Respuesta a un deseo expresado por otra persona.
- A alguien que va a empezar una nueva etapa.
- A alguien que va a ser operado, que va a tener un hijo o que va a pasar por cualquier otra circunstancia que puede tener algún riesgo.
- A alguien que va a hacer algo lúdico.
- Ante un viaje.
- A alguien que sale a divertirse o que va a una fiesta.

**1.2.** **¿Has visto? En las frases anteriores hemos usado un tiempo nuevo, se trata del presente de subjuntivo. Sus formas son similares a las del presente de indicativo. Completa la tabla con las formas correspondientes y lo verás.**

| presente **subjuntivo** | presente **indicativo** |
|---|---|
| mejores | |
| cumplas | |
| pases | |
| tengas | tienes |
| seas | |
| salgas | |
| sueñes | |

| presente **subjuntivo** | presente **indicativo** |
|---|---|
| den | |
| vaya | voy, va |
| veas | |
| llegues | |
| aproveche | |
| diviertas | |

**1.3.** **Algunos de estos verbos, sin embargo, tienen raíces distintas, anótalos aquí abajo:**

.................... .................... .................... ....................

## Presente de subjuntivo regular

El presente de subjuntivo regular se forma con las siguientes terminaciones:

| habl**ar** | com**er** | viv**ir** |
|---|---|---|
| habl**e** | com**a** | viv**a** |
| habl**es** | com**as** | viv**as** |
| habl**e** | com**a** | viv**a** |
| habl**emos** | com**amos** | viv**amos** |
| habl**éis** | com**áis** | viv**áis** |
| habl**en** | com**an** | viv**an** |

Por eso sus formas son muy parecidas a las del presente de indicativo, porque se trata solo de cambiar la terminación:
- mejoras → mejores
- corréis → corráis
- cumples → cumplas

## Presente de subjuntivo irregular

Irregularidades vocálicas:

| o>ue | | e>ie | | e>i | |
|---|---|---|---|---|---|
| sueño | → sueñe | pienso | → piense | pido | → pida |
| sueñas | → sueñes | piensas | → pienses | pides | → pidas |
| sueña | → sueñe | piensa | → piense | pide | → pida |
| soñamos | → soñemos | pensamos | → pensemos | pedimos | → pidamos |
| soñáis | → soñéis | pensáis | → penséis | pedís | → pidáis |
| sueñan | → sueñen | piensan | → piensen | piden | → pidan |

Irregularidades consonánticas:

Los verbos que tienen irregularidades consonánticas en la primera persona del singular del presente de indicativo, en subjuntivo las mantienen en todas las personas:

| | | | | | |
|---|---|---|---|---|---|
| **salgo** | → **salga** | **tengo** | → **tenga** | **conozco** | → **conozca** |
| sales | → **salgas** | tienes | → **tengas** | conoces | → **conozcas** |
| sale | → **salga** | tiene | → **tenga** | conoce | → **conozca** |
| salimos | → **salgamos** | tenemos | → **tengamos** | conocemos | → **conozcamos** |
| salís | → **salgáis** | tenéis | → **tengáis** | conocéis | → **conozcáis** |
| salen | → **salgan** | tienen | → **tengan** | conocen | → **conozcan** |

Irregularidades propias:

| ser | | haber | | dar | |
|---|---|---|---|---|---|
| soy | → sea | he | → haya | doy | → dé |
| eres | → seas | has | → hayas | das | → des |
| es | → sea | ha | → haya | da | → dé |
| somos | → seamos | hemos | → hayamos | damos | → demos |
| sois | → seáis | habéis | → hayáis | dais | → deis |
| son | → sean | han | → hayan | dan | → den |

| ir | | saber | | Otras irregularidades: i>y | |
|---|---|---|---|---|---|
| voy | → vaya | sé | → sepa | construyo | → constru**y**a |
| vas | → vayas | sabes | → sepas | construyes | → constru**y**as |
| va | → vaya | sabe | → sepa | construye | → constru**y**a |
| vamos | → vayamos | sabemos | → sepamos | construimos | → constru**y**amos |
| vais | → vayáis | sabéis | → sepáis | construís | → constru**y**áis |
| van | → vayan | saben | → sepan | construyen | → constru**y**an |

**1.4.** **Completa la siguiente tabla de verbos irregulares en presente de subjuntivo.**

| | 1.ª persona singular | 1.ª persona plural |
|---|---|---|
| Poder | | |
| Querer | | |
| Saber | | |

| | 3.ª persona singular | 3.ª persona plural |
|---|---|---|
| Entender | | |
| Traer | | |
| Repetir | | |

CONTINÚA

| | 1.ª persona singular | 1.ª persona plural |
|---|---|---|
| Pedir | | |
| Ir | | |
| Decir | | |
| Venir | | |
| Huir | | |
| Pensar | | |
| Volar | | |
| Salir | | |
| Conocer | | |

| | 3.ª persona singular | 3.ª persona plural |
|---|---|---|
| Traducir | | |
| Contar | | |
| Poner | | |
| Colgar | | |
| Oír | | |
| Conducir | | |
| Ser | | |
| Tener | | |
| Cerrar | | |

Fíjate en el verbo **dormir**. Como ves, las personas nosotros/as, vosotros/as también son irregulares en presente de subjuntivo. Lo mismo ocurre con el verbo **morir**.

| indicativo | subjuntivo |
|---|---|
| d**ue**rmo | d**ue**rma |
| d**ue**rmes | d**ue**rmas |
| d**ue**rme | d**ue**rma |
| dormimos | d**u**rmamos |
| dormís | d**u**rmáis |
| d**ue**rmen | d**ue**rman |

# 2 Que **te** **sea** leve

**2.1.** **Lee este breve diálogo:**

- ► Oye, Luis, ¿cuándo tienes los exámenes?
- ▷ Los tengo la semana que viene.
- ► ¿Vas bien preparado?
- ▷ En Literatura y en Latín, sí, espero que me salgan bien.
- ► ¿Y en las demás?
- ▷ Así, así...
- ► ¿Quieres que te ayude con el inglés?
- ▷ No, gracias, esa la llevo bastante bien.
- ► Pues nada, chico, entonces que tengas suerte.
- ▷ Ojalá sea así, ya te contaré.

**2.1.1.** **Subraya los verbos del diálogo anterior que estén en presente de subjuntivo. Comenta con tu compañero si son regulares o irregulares y, a continuación, subraya también las estructuras en las que se encuentran estos verbos; verás que todas sirven para expresar deseos o esperanzas. Son cuatro, toma nota de ellas a continuación:**

1. Que + verbo en subjuntivo
2. ..............................
3. ..............................
4. ..............................

## Expresar deseos

**Normalmente expresamos deseos con estas formas:**

- ***Que*** + verbo en subjuntivo
  - ***Que*** *tengas suerte.*
  - ***Que*** *te lo pases bien.*
  - ***Que*** *aproveche.*

- ***Ojalá*** + subjuntivo
  - ***Ojalá*** *mañana haga buen tiempo.*
  - ***Ojalá*** *nos toque la lotería.*
  - ***Ojalá*** *venga Marta.*

Nota: en lenguaje popular se intercala a veces ***que:*** *Ojalá* ***que*** *no llueva.*

**Cuando introducimos la frase con un verbo principal *(querer, desear, esperar...)*, pondremos el verbo subordinado en subjuntivo si el sujeto es diferente, y en infinitivo si es el mismo sujeto. Fíjate:**

| | |
|---|---|
| *Espero que* ***vayas****.* | *Espero* ***ir****.* |
| *Carmen desea que* ***cantes****.* | *Carmen desea* ***cantar****.* |
| *Queremos que nos* ***escribáis****.* | *Queremos* ***escribiros****.* |

### 2.2. Transforma estas frases:

1. *Mañana lloverá* Ojalá
2. *Juan está contento* Espero que
3. *Llegarán más tarde* Queréis que
4. *Tenéis tiempo* Esperamos que
5. *Irás a verle* Ojalá
6. *Tienes razón* Deseo que
7. *Cenaremos en casa* Quiere que
8. *Estamos equivocados* Ojalá
9. *Saldré pronto* Espera que
10. *Lo haréis luego* Quiero que
11. *Vendrá el lunes* Ojalá
12. *Te lo pediré más tarde* Esperas que

### 2.3. Piensa un poco y escribe tres cosas que deseas para ti, y otras tres que deseas para otras personas.

| Para mí | Para los demás |
|---|---|
| ........................ | ........................ |
| ........................ | ........................ |
| ........................ | ........................ |

### 2.4. Lee el e-mail que ha escrito Mario a un amigo:

Enviar ahora | Vincular | Firma

De: mario@mail.es

Asunto: Examen

Espero que el examen que tienes mañana te salga bien y que consigas el acceso a esa universidad. Ojalá que me puedas llamar pronto y me digas que ya estás tramitando la matrícula.
También espero que estés más tranquilo que la última vez, y que los nervios no te jueguen una mala pasada; ya sabes que lo más importante es mantener la calma y la concentración.
De mí, poco te puedo contar; solo que entregué hace unos días mi proyecto de tesis al profesor, pero aún no he recibido respuesta, y que posiblemente me operarán el mes que viene de la rodilla, ya sabes: mi pasión por el fútbol.
Pero hay más; si todo sale bien y encuentro trabajo en alguna academia, y Marta termina la carrera este año, nos compraremos un pisito y el año que viene nos casamos. ¿Qué te parece? Esto sí que es una noticia.

**2.4.1.** Imagina la respuesta del amigo a Mario y escríbela, expresándole, por supuesto, buenos deseos para su futuro.

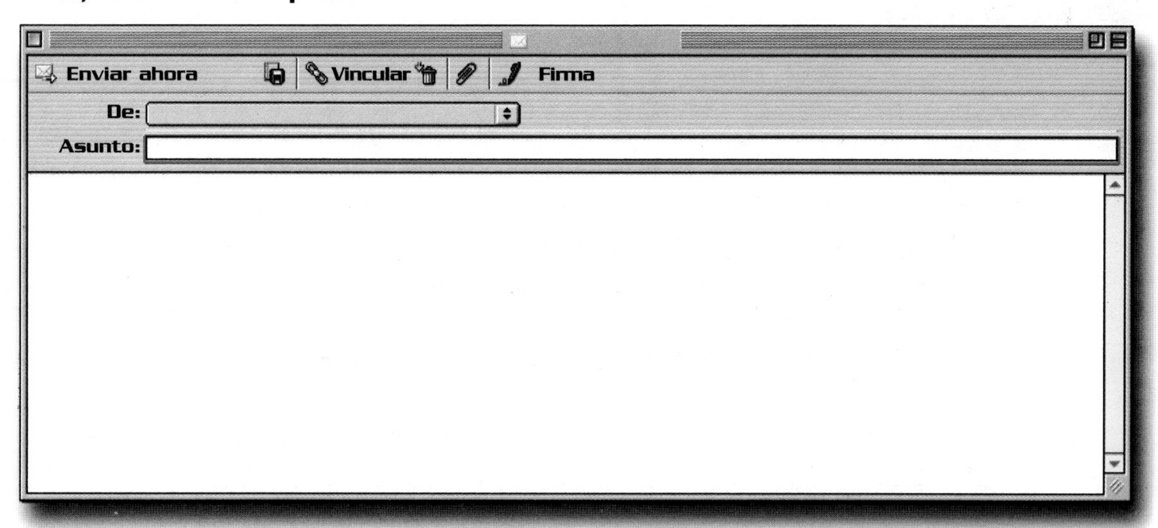


**2.5.** Y ahora, ¿por qué no escribes otros breves correos a amigos que están en las situaciones que puedes leer a continuación y les expresas un deseo?

- Hoy es mi cumpleaños.
- Mi tarántula ha muerto.
- Me caso, por fin, con Javier.
- Mi hermano se va de vacaciones a Cuba.
- Esta tarde me examino del carné de conducir.
- Mañana empiezo un nuevo trabajo.
- María ha tenido un niño esta mañana.

**2.6.** Reacciona, expresando un deseo, a lo que te cuentan estos amigos:

# 3 Hacer codos

**3.1.** **¿Verdadero o falso? Antes de leer el texto, decide si estas afirmaciones sobre los estudios universitarios en España son correctas y discute con tus compañeros cuáles son sus impresiones.**

| | Verdadero | Falso |
|---|---|---|
| 1. Una de las carreras más masificadas es la de Medicina. | | |
| 2. Un estudiante de Derecho encontrará trabajo fácilmente al terminar sus estudios. | | |
| 3. Hay universidades que pertenecen a la Iglesia Católica. | | |
| 4. Solo existen centros universitarios públicos. | | |
| 5. Una de las carreras con más futuro es la de Investigación y Técnicas de Mercado. | | |
| 6. Un crédito equivale a 10 horas de clase. | | |

**3.1.1.** **Lee el texto y comprueba tus respuestas:**

En España, hay 1 526 400 alumnos matriculados en las universidades públicas y 62 652 en las privadas. 1 005 000 jóvenes estudian licenciaturas y otros 521 000 están matriculados en diplomaturas. Generalmente, las licenciaturas constan de 300 créditos –Medicina, 450 créditos–, es decir, de 3000 horas de clase. Los créditos se reparten por igual en dos ciclos, de tal forma que, en una licenciatura, se debe cursar primero y segundo ciclo, con 150 créditos en cada ciclo. Para obtener una diplomatura, en cambio, basta con 2000 horas de clase (200 créditos).

*Universidad de Salamanca, España*

Las carreras de Ciencias Sociales y Jurídicas son las que más alumnos agrupan (810 000), seguidas de las técnicas (338 000). En cambio, las de Humanidades cuentan con 141 300 alumnos; las de Ciencias de la Salud, 109 800, y las de Ciencias Experimentales, 127 300. Más de 15 000 abogados están afiliados al INEM. En España, hay más de 103 000 abogados colegiados para una población de 39 millones de habitantes, mientras que en Alemania –país con una población de 80 millones de habitantes– ejercen 60 000 abogados. Una de las carreras más modernas y prometedoras es la de Investigación y Técnicas de Mercado, que es de segundo ciclo y se puede cursar en la Universidad de Barcelona y en la de Murcia.

En España, imparten estudios universitarios 54 centros, de los cuales 10 son privados. Además, se pueden encontrar diferentes universidades que pertenecen a la Iglesia Católica: Pontificia de Salamanca, Pontificia de Comillas, Deusto y Navarra.

**3.1.2.** Busca correspondencia en el texto para cada una de las siguientes palabras:

- Trabajar: ejercer
- Formar parte
- Tener
- Dividir
- Componerse de
- Conseguir
- Con futuro
- Inscritos (2)
- Instituto Nacional de Empleo
- Es suficiente con
- Dar
- Estudios universitarios (3)

**3.2.** BLA **Aquí tienes un esquema del sistema educativo en España. Elabora, junto a los compañeros de tu misma nacionalidad, el esquema de estudios de tu país y compáralo con el español. Después vas a explicárselo a tus compañeros en la pizarra y a responder a sus preguntas.**

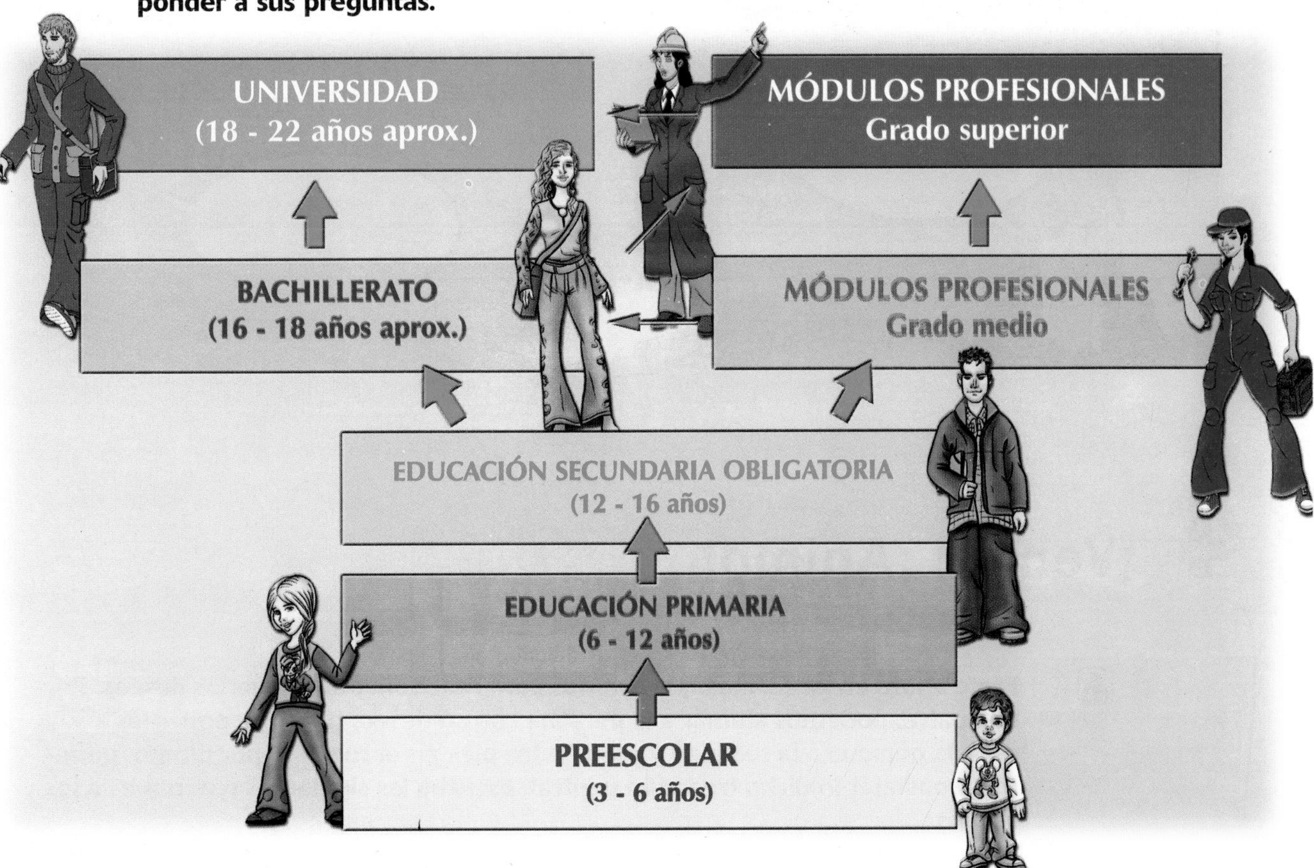


**3.3.** [8] **Escucha a un grupo de estudiantes que opinan sobre la universidad. Completa las columnas con las cualidades positivas y negativas que destacan.**

| Cualidades positivas | Cualidades negativas |
|---|---|
| | |
| | |
| | |
| | |
| | |

**3.3.1.** [8] **Escucha de nuevo y escribe los deseos que formulan estas personas.**

# 4 ¡Venga! ¡Ánimo!

**4.1.** [9] **Fíjate ahora en las formas que usamos para reaccionar a los buenos deseos. Por una parte, podemos animar a la persona con su deseo; por otra, podemos acercar a la persona a la realidad y ponerle los pies en el suelo; y, por último, podemos constatar lo dicho (reacción neutra). Escucha las siguientes reacciones a los deseos.**

**4.1.1.** **Escucha de nuevo y clasifica las reacciones según correspondan a uno u otro grupo.**

| Animar a la persona | Acercar a esa persona a la realidad | Reacción neutra |
|---|---|---|
| | | |

**4.1.2.** Compara tus soluciones con las de tu compañero y comprueba con la siguiente infomación.

## Reaccionar ante un deseo

**Animar a la persona**

- Con negación en el deseo

  **Ejemplo:** *Me han ido fatal los exámenes, ¡ojalá* ***no*** *suspenda todas!*

  *Tampoco es para tanto.*
  *No te pongas así.*
  *No digas esas cosas.*
  *Tú siempre igual de optimista* (irónico).

- Con afirmación en el deseo

  **Ejemplo:** *¡Ojalá apruebe el examen!*

  *Ya verás como sí.*
  *(Que) sí, hombre, (que) sí.*
  *¡Pero cómo no vas a* + infinitivo*!*

**Acercar a esa persona a la realidad**

**Ejemplo:** *El examen ha sido muy difícil. ¡Espero que nuestro profesor nos apruebe a todos!*

*Pero... ¡cómo va a* + infinitivo*!*
*Pero... ¡si* + *(no)* + futuro de indicativo*!*
*¡No tiene otra cosa que hacer!*
*¡¿Y qué más?!*
*Sí, sí, seguro* (irónico).
*Sí, sí...* (irónico).
*¡Tú flipas en colores!* (informal).
*¡Tú alucinas!* (informal).

**Reacción neutra (constatar lo dicho)**

**Ejemplo:** *Por favor, ¡que nos diga que sí! Nos hace mucha falta...*

*¡Hombre! ¡Cómo lo sabes!*
*¡Ojalá te oiga!*
*¡A ver si es verdad!*
*¡Ya te digo!*

**4.2.** Escribe, en estas tarjetas, tres aspectos positivos y tres negativos sobre tu escuela o universidad en tu país.

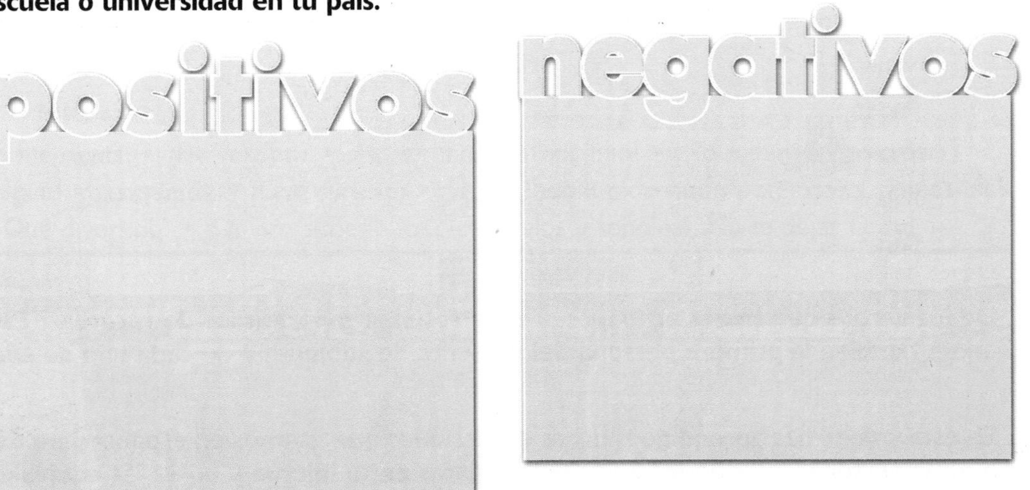

**4.2.1.** Compara y comenta tus respuestas con las de tus compañeros y expresa tus deseos para solucionar los aspectos negativos. Tus compañeros reaccionarán a tus deseos. Si habéis estado en alguna escuela o universidad de España, podéis comparar sus características con las de vuestro país.

**4.2.2.** **La Ministra de Educación presenta una nueva ley en el Parlamento. Lee las propuestas e imagina las reacciones de los diputados teniendo en cuenta que, según su ideología, unos expresarán esperanza, otros escepticismo y otros serán contrarios.**

- La Educación Secundaria será obligatoria hasta los dieciocho años.
- Habrá clases de inglés y francés con profesores nativos desde preescolar.
- En la Universidad solo habrá treinta estudiantes por aula.
- Y dos convocatorias de examen por asignatura.
- Todos los centros públicos contarán con salas de ordenadores.
- Los libros serán gratuitos para todos los estudiantes.
- Todos los estudiantes de los módulos profesionales realizarán prácticas pagadas en empresas.

**Algunas de las reacciones de los diputados podrían ser:**

- ¡Ojalá sea posible!
- ¡No tiene otra cosa que hacer!
- ¡A ver si es verdad!
- Sí, sí, seguro

## AUTOEVALUACIÓN

1. **Señala cuáles de estos verbos son regulares en el presente de subjuntivo.**

- [ ] Andar
- [ ] Oír
- [ ] Viajar
- [ ] Poder
- [ ] Traer
- [ ] Saber
- [ ] Poner
- [ ] Comer
- [ ] Hablar
- [ ] Dejar
- [ ] Saltar
- [ ] Ir
- [ ] Conducir
- [ ] Traducir
- [ ] Salir
- [ ] Tener
- [ ] Haber
- [ ] Estudiar
- [ ] Llevar
- [ ] Volar
- [ ] Pedir

2. **De los verbos que tienes arriba, ¿cuáles te resultan más difíciles de recordar? Escríbelos y anota también la primera persona del presente de subjuntivo de cada uno de ellos.**

3. **En esta unidad has aprendido muchas expresiones que usamos en español para desear algo a otras personas, escribe las que sean similares en tu idioma y busca las equivalentes para las demás.**

   **¿Cómo explicarías a alguien de tu lengua por qué usamos en español el subjuntivo para expresar deseos?**

# Unidad 5

## Funciones comunicativas

- Expresar probabilidad en el presente, en el pasado y en el futuro
- Lamentarse
- Responder con seguridad
- Negar/afirmar con decisión
- Expresar extrañeza
- Expresar preocupación
- Tranquilizar

## Contenidos gramaticales

- Futuro perfecto: morfología y uso
- Contraste futuro perfecto, futuro imperfecto y condicional simple
- Usos del participio pasado
- Marcadores de probabilidad: *a lo mejor, quizá,* etc.
- ¡*Por qué* + condicional!
- *Tener que* (imperfecto) + infinitivo compuesto

## Contenidos léxicos

- La educación

## Contenidos culturales

- Las vacaciones escolares en España y Cuba
- Literatura: Julio Cortázar

# 1 ¡Vete tú a saber!

**1.1.** [10] **Observa las ilustraciones y relaciónalas con las situaciones descritas. Luego, escucha estos diálogos e identifícalos con la situación correspondiente.**

1

2

3

4

***Situación A*** ***Diálogo*** ☐

La chica le pregunta al chico si sus padres están ya de vacaciones; el chico le dice que todavía no, que se van mañana y hace suposiciones sobre lo que harán sus padres una vez llegados al destino.

***Situación B*** ***Diálogo*** ☐

Hablan de la dificultad de circular por la capital de España, dicen que siempre está en obras y no creen que el año que viene las terminen.

***Situación C*** ***Diálogo*** ☐

La chica quiere confirmación del viaje de Mónica a Barcelona, y el chico, por la hora que es, supone que ya está allí.

***Situación D*** ***Diálogo*** ☐

La chica busca sus llaves, le pregunta al chico, y este no sabe nada.

**1.2.** **Por parejas, leed ahora la transcripción y señalad si el verbo en negrita nos informa de una acción situada en el pasado o en el futuro.**

1.

**Marisa:** ¿Has visto mis llaves?

**Luis:** No, no las he visto, pero las **habrás puesto** en cualquier sitio, ¡como siempre! ¡Eres un desastre!

2.

**Nuria:** ¡Es increíble! Madrid siempre está en obras, y, claro, el tráfico está imposible.

**Paloma:** Sí, dicen que para el año que viene **habrán terminado**, ¿te lo crees?

**Nuria:** ¡Sí, hombre!, ¡segurísimo!

3.

**Pilar:** Mónica salía hoy a las dos y media de Chamartín, ¿verdad?

**Pablo:** Sí, a las dos y treinta y cinco exactamente. Ya **habrá llegado** a Barcelona porque son las diez.

4.

**Ana:** ¿Se han ido ya tus padres de vacaciones?

**Carlos:** No, todavía no, se irán mañana sábado. A esta hora, mañana, ya se **habrán bañado** en la playa, porque les encanta el mar.

## Futuro perfecto

En los diálogos de la audición tienes un nuevo tiempo verbal: el **futuro perfecto**.

Este tiempo se usa para:

1. Hablar de una acción futura, pero que estará acabada en un tiempo futuro del que hablamos *(el año que viene, mañana sábado...)*.

   *Mañana sábado a estas horas, habré llegado a París.*

2. Hacer hipótesis sobre un momento pasado.

   *Probablemente, habrá salido tarde y por eso no ha llegado.*

El futuro perfecto se forma con el futuro imperfecto del verbo **haber** y el participio pasado del verbo: *habré estudiado, habrás comido...*

Habré
Habrás
Habrá
Habremos
Habréis
Habrán

} + participio **-ado /-ido**

**1.3.** **Completa el cuadro con las formas del futuro perfecto.**

| | él/ella/usted | ellos/ellas/ustedes |
|---|---|---|
| 1. Levantarse | | |
| 2. Ir | | |
| 3. Llevar | | |
| 4. Querer | | |
| 5. Sentir | | |
| 6. Empezar | | |
| 7. Estar | | |
| 8. Tener | | |
| 9. Poder | | |
| 10. Costar | | |

**1.4.** **Escribe con la forma del futuro perfecto.**

1. **Abrir** (yo) ......................................
2. **Romper** (vosotros) ........................
3. **Escribir** (tú)....................................
4. **Poner** (ellos) ..................................
5. **Hacer** (él) ......................................
6. **Volver** (nosotras)............................
7. **Ver** (usted) ....................................
8. **Cubrir** (él).......................................

**1.5.** **Fabio está pensando en lo que habrá conseguido hacer a corto plazo o a medio plazo, pero no le gustan las matemáticas; ayúdalo.**

1. **Fabio:** Cobraré 90 euros a la semana, o sea que a final de mes...
   **Tú:** A final de mes *habrás cobrado* 360 euros.
2. **Fabio:** Estudiaré cuatro horas al día, o sea que al final de la semana...
   **Tú:** Al final de la semana ..........................................
3. **Fabio:** Ahorraré 100 euros cada dos meses, o sea que al año...
   **Tú:** Al año ..........................................

CONTINÚA

4. **Fabio:** Compraré dos CD a la semana, o sea que a los tres meses...
**Tú:** A los tres meses ..........................................

5. **Fabio:** Andaré todos los domingos diez kilómetros, o sea que a los cuatro meses...
**Tú:** A los cuatro meses ..........................................

**1.6.** **Ahora, escribe el comentario final de los resultados que tendrás después de haber hecho este curso de español.**

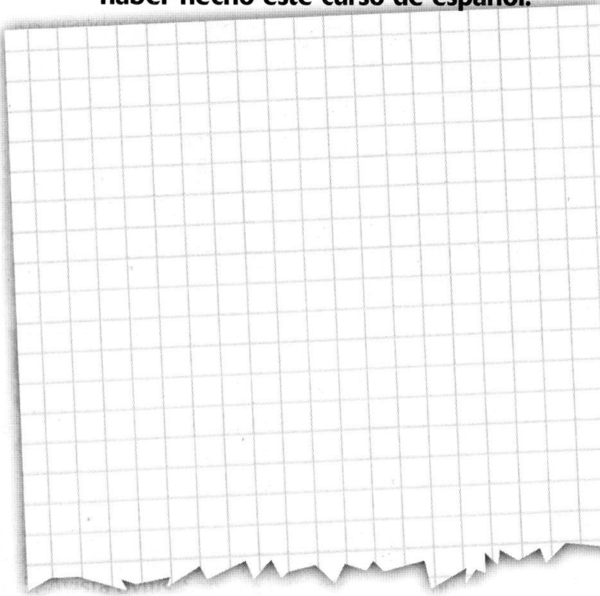

## Futuro imperfecto

En español tenemos el **futuro imperfecto** *(comeré)* y el **futuro perfecto** *(habré comido)* para hablar de cosas que no sabemos con seguridad, cosas que suponemos.

- El **futuro imperfecto** sirve para hablar de cosas que suponemos en el presente.
  - ► *Son las cinco, ¿cuándo **viene** tu hermana?*
  - ▷ *No sé, **vendrá** más tarde. (=Creo que viene más tarde).*
- El **futuro perfecto** sirve para hablar de cosas que suponemos en el pasado cerca del presente.
  - ► *Son las cinco, ¿cuándo **ha venido** tu hermana?*
  - ▷ *No sé, **habrá venido** a las tres o a las cuatro. (=Creo que ha venido a las tres o a las cuatro).*

**1.7.** **Contesta a las preguntas; no estás seguro.**

**2.1.**  **Lee esta noticia:**

# Semana Blanca: semana en blanco

**Los padres quieren vacaciones más cortas y mejor distribuidas y mejoras en los horarios de los alumnos. Hace apenas un mes, los escolares tuvieron 20 días de vacaciones de Navidad. Hoy vuelven a tener vacaciones de invierno y dentro de mes y medio tendrán las vacaciones de Semana Santa.**

Las vacaciones de los escolares españoles son demasiado largas y están muy mal distribuidas, así como su horario de clase. Esta es la opinión de los representantes de los padres de alumnos que han solicitado al Ministerio de Educación una reforma del calendario, una distribución más racional.

Los datos de los otros países de Europa les dan la razón: nuestros escolares son los que más vacaciones escolares tienen, mientras que el número de horas de clase que reciben al año es muy similar al de sus compañeros de la UE.

La Confederación de Asociaciones de Padres de Alumnos de Castilla y León quiere acortar las vacaciones de verano a un mes. Sin embargo, los sindicatos de profesores opinan que esto no sería posible en España ya que las temperaturas de verano no permitirían a los profesores ni a los alumnos desarrollar sus tareas. Por otra parte, los profesores tampoco están de acuerdo con la distribución de las vacaciones a lo largo del curso. Según ellos: "sería conveniente una reforma del calendario y un cambio en los horarios. Los colegios deberían abrir hasta por la noche, así los estudiantes podrían ir a estudiar a la biblioteca o participar en actividades extraescolares que se realizarían después de las clases".

La cuestión de los horarios enfrenta los intereses de padres, alumnos y profesores. Estos últimos piensan que los padres quieren convertir el colegio en "un aparcamiento de niños".

Texto extraído de *ABC*

**2.1.1.** **Responde verdadero o falso y justifica en el texto tu respuesta.**

| | Verdadero | Falso |
|---|---|---|
| 1. El periodista afirma que las vacaciones de los escolares españoles son muy extensas. | | |
| 2. Los escolares españoles tienen más vacaciones y menos horas de clase que el resto de los escolares europeos. | | |
| 3. El Ministerio de Educación quiere que las vacaciones de verano sean de un mes. | | |
| 4. Los profesores piensan que tener clase en verano no es positivo para los alumnos. | | |
| 5. Los padres creen que no sería bueno abrir los colegios hasta por la noche. | | |
| 6. Padres, profesores y alumnos no se ponen de acuerdo en este tema. | | |

**2.1.2.** **Busca con tu compañero otro título para la noticia y resumidla en dos líneas.**

**2.1.3.** **Haz a tu compañero dos de las preguntas de abajo, él te hará otras dos. Verificad las respuestas en el texto:**

1. El periodista llama a un tipo de vacaciones escolares: "semana blanca", ¿por qué?
2. La noticia habla de cuatro tipos de vacaciones, ¿cuáles son?
3. En el texto hay una definición irónica de "colegio", ¿cuál es?
4. ¿Qué cambios se deberían hacer según los profesores?

**2.1.4.** **Ahora, busca en el texto palabras relacionadas con la educación; añade a esa lista cinco palabras más que conozcas. Compara tu lista con la de tu compañero.**

**2.1.5.** **Señala en el texto todos los verbos que no sean presente o pasado. ¿Qué forma verbal has señalado? ¿Recuerdas su nombre? ¿Por qué se utiliza en el texto? ¿Para qué sirve?**

**2.1.6.** **¿Con cuál de las opiniones del texto estás de acuerdo? Argumenta tu postura usando el condicional simple.**

**Ejemplo:** *Creo que los colegios tendrían que abrir por la noche...*

# 3 ¡Vaya por Dios!

## Condicional Simple

**El condicional simple también sirve:**

- **Para lamentarnos por algo que ha pasado** y que podíamos haber evitado, pero ahora es demasiado tarde.

  ¡*Por qué* + condicional!

  **Ejemplo:** *¡**Por qué** no **estudiaría** español en el instituto!*

  Para lamentarnos también podemos usar:

  *Tener* (imperfecto) *que* + infinitivo compuesto

  *Eso me/te/le... pasa por* + infinitivo compuesto

  **Ejemplo:** *¡**Tenía** que **haber estudiado** español en el instituto!*
  ***Eso me pasa por haber elegido** francés y no español en el instituto.*

- **Para hablar de cosas que suponemos** en un pasado que ya está cerrado.

  **Ejemplo:** ► *Ayer **vino** tu hermana, ¿verdad? ¿A qué hora **vino**?*
  ▻ *No sé, **vendría** a las tres o a las cuatro.*

**3.1.** Ayer hizo un día estupendo y decidisteis ir a los Picos de Europa. Pero os dividisteis en dos grupos y os perdisteis, y, además, llovió muchísimo. Hoy os lamentáis de ello. Usa las distintas estructuras posibles.

1. Teníamos que haber salido todos juntos de la escuela.
2. Eso nos pasa por habernos separado.
3. ¡Por qué no llevaríamos un plano!
4. ...
5. ...
6. ...
7. ...
8. ...
9. ...
10. ...

**3.2.** Mira estos dibujos y escribe diez ideas, diez suposiciones de lo que ha podido pasar. Pásale tu lista al compañero de la derecha, él hará lo mismo. De la lista que te han pasado, borra las más inverosímiles y después explica a la clase tus razones.

**3.3.** Escucha a tu profesor, te dará las instrucciones de la actividad.

**3.4.** Piensa ahora en algún día desastroso en tu vida, escribe lo que te sucedió y, al mismo tiempo, laméntate.

**3.5.** Seguro que el día en que te daban las vacaciones escolares era un día feliz y no era tiempo para lamentaciones –¿quizás cuando recibías el boletín de notas?– ¿Tienes algún recuerdo especial de algún final de curso? ¿Tenías demasiadas vacaciones?

**3.5.1.** Mira el gráfico con tu compañero. ¿Qué os llama la atención? ¿Está tu país? Si no es así, cuéntanos su sistema de vacaciones y dinos si crees que los escolares deberían tener más vacaciones o menos? Si está tu país, haz una valoración del gráfico comparando los distintos países.

| Número de días de clase por año en Enseñanza Secundaria | | Número de horas de clase por año en Enseñanza Secundaria | |
|---|---|---|---|
| Bélgica | 182 | Bélgica | 849 |
| Dinamarca | 200 | Dinamarca | 930 |
| Alemania | 188 | Alemania | 733 |
| Grecia | 175 | Grecia | 866 |
| España | 170 | España | 980 |
| Francia | 180 | Francia | 765 |
| Irlanda | 180 | Irlanda | 945 |
| Italia | 200 | Italia | 1000 |
| Luxemburgo | 216 | Luxemburgo | 900 |
| Países Bajos | 200 | Países Bajos | 1067 |
| Portugal | 175 | Portugal | 1050 |
| Reino Unido | 190 | Reino Unido | 776 |

# 4 **Puede** que sí o **puede** que no

**4.1.** [11] Una estudiante de una escuela de español para extranjeros hace una serie de preguntas a Raquel, profesora de español, sobre el futuro de las universidades. Escucha y decide qué tipo de probabilidad hay en las suposiciones de Raquel. Ayúdate con el cuadro de abajo.

| | *Alta 80%* | *Media 50%* | *Baja 20%* |
|---|---|---|---|
| *1. En un futuro, la universidad será Internet. Seleccionaremos profesor, clase y horario.* | ☐ | ☐ | ☐ |
| *2. Las bibliotecas estarán en Internet.* | ☐ | ☐ | ☐ |
| *3. Habrá una forma diferente de hacer los exámenes.* | ☐ | ☐ | ☐ |
| *4. Raquel será profesora de español por Internet.* | ☐ | ☐ | ☐ |

**4.1.2.** **¿Y vosotros? ¿Estáis de acuerdo con Raquel? ¿Desaparecerá la universidad como lugar físico? Si es así, ¿qué aspectos de la vida de un universitario se perderían?**

**Para hacer suposiciones**, además de los tiempos verbales vistos anteriormente (futuro imperfecto, futuro perfecto, condicional), puedes usar:

- **Probabilidad alta:**
  - *Creo que*
  - *Me parece que* } + indicativo
  - *Seguro que*
- **Probabilidad media:**
  - *Supongo que*
  - *Me imagino que* } + indicativo
  - *Sí, seguramente*
- **Probabilidad baja:**
  - *Quizá* } + indicativo
  - *A lo mejor*

**4.2.** **Ahora vamos a ser sinceros y a practicar el condicional. Responde a las siguientes preguntas con sí o no. Después, ordénalas de la más impactante para ti a la menos y busca a un compañero que tenga opiniones similares a las tuyas; defenderéis vuestras opiniones (sí o no) ante el resto del grupo.**

| | *Sí* | *No* |
|---|---|---|
| 1. ¿Te irías a vivir a otro país –muy lejano y diferente– por amor, renunciando a tus estudios o carrera? | ☐ | ☐ |
| 2. ¿Cambiarías ahora de estudios/de profesión? | ☐ | ☐ |
| 3. ¿Aceptarías un trabajo muy bien pagado, pero sin posibilidad de vacaciones en cinco años? | ☐ | ☐ |
| 4. ¿Te irías ahora mismo a una isla desierta tú solo de vacaciones durante seis meses? | ☐ | ☐ |

- Las preguntas más impactantes para mí son: ..................................................
- Las preguntas menos impactantes para mí son: ..................................................

- **Para responder con seguridad** puedes usar:
  – *(Estoy) seguro/a.* – *Segurísimo.* – *Sin ninguna duda.*
- **Para negar con decisión** puedes usar:
  – *¡Jamás!* – *¡Qué dices!* – *¡Ni hablar!*
- **Para afirmar con decisión** puedes usar:
  – *¡Por supuesto!* – *¡Hombre, claro!* – *¡Sí, sí!*

**4.3.** [12] **Escuchad y haced conjeturas sobre los lugares donde están las personas que hablan. ¿Dónde podrá ser? Primero, ordenad las fotos según el diálogo y después de llegar a un acuerdo, exponed vuestra hipótesis a la clase.**

1. La primera suponemos que será... ..............................
2. ..............................
3. ..............................
4. ..............................
5. ..............................
6. ..............................

**4.3.1.** BLA **¿Cuáles de estos ambientes pueden ser típicos de vuestro país? ¿Cuáles no os parecen típicos de España? ¿Por qué?**

**4.4.** Ahora, mirad estas fotos y usad los diferentes grados de probabilidad. ¿Iríais de vacaciones a un lugar así? ¿Cómo sería vuestro lugar ideal para pasar unas vacaciones inolvidables? Comentadlo al resto de la clase.

**4.5.** Normalmente tratamos de tranquilizar a alguien que muestra preocupación o extrañeza y hacemos suposiciones.

- **Para expresar extrañeza** puedes usar:
  - *¡Qué raro!* — *¡Qué extraño!*
- **Para expresar preocupación** puedes usar:
  - *¿Qué pasará?* — *¿Le/les habrá pasado algo?*
- **Para tranquilizar** puedes usar:
  - *¡No te preocupes!* — *¡Bah!, ¡no pasará nada, hombre/mujer!*

  y podemos añadir **suposiciones**:
  - *¡No te preocupes!, estará en un atasco.*
  - *¡Bah!, no pasará nada, a lo mejor se ha encontrado con alguien en el camino.*

**4.5.1.** Expresa preocupación o tranquiliza a tu compañero haciendo suposiciones. Usa las expresiones de hipótesis.

**alumno a**

1. *Estáis esperando a un amigo en la puerta del cine para ver juntos una "peli", pero no viene y es muy puntual. Expresa extrañeza.*
2. *Una amiga os ha invitado a cenar a su casa. Llegáis a su casa, pero no está. Tranquiliza a tu compañero.*
3. *Tu amigo no te ha escrito ningún e-mail desde que estás en la escuela de español. ¡Hace dos semanas! Expresa preocupación.*
4. *Vives en un apartamento con otros compañeros y la comida que has preparado ya no está en la cocina. Expresa extrañeza.*
5. *Tu compañero busca trabajo en España. Ha ido a una entrevista hace una semana, pero no le llaman. Tranquilízalo.*

CONTINÚA

alumno b

1. *Estáis esperando a un amigo en la puerta del cine para ver juntos una "peli", pero no viene y es muy puntual. Tranquiliza a tu compañero.*
2. *Una amiga os ha invitado a cenar a su casa. Llegáis a su casa, pero no está. Expresa preocupación.*
3. *El amigo de tu compañero no le ha escrito ningún e-mail desde que está en la escuela de español. ¡Hace dos semanas! Tranquilízalo.*
4. *Vives en un apartamento con otros compañeros y la comida que ha preparado tu compañero ya no está en la cocina. Tranquilízalo.*
5. *Buscas trabajo en España. Has ido a una entrevista hace una semana, pero no te llaman. Expresa preocupación.*

AUTOEVALUACIÓN

AUTOEVALUACIÓN AUTOEVALUACIÓN AUTOEVALUACIÓ

**1. Cuando hacemos las actividades de escuchar en clase:**

- ☐ Estoy en tensión
- ☐ Miro lo que hace mi compañero de al lado
- ☐ Intento comprender en general
- ☐ Creo que no voy a entender nada
- ☐ Intento escribirlo absolutamente todo
- ☐ Cierro los ojos y me concentro para comprender todas las palabras
- ☐ ..............................................................................................

**2. ¿Qué expresiones me ofrece el español para lamentarme?**

..............................................................................................

..............................................................................................

..............................................................................................

**3. Cuando no sé algo con seguridad sobre un hecho que ha ocurrido en el pasado, ¿qué tiempos me ofrece el español para expresarlo? ¿Y si ha ocurrido en el presente?**

Cuando escuchamos en otra lengua que no es la nuestra, ponemos el doble de atención y nos sentimos inseguros; eso es negativo. Debemos relajarnos para concentrarnos mejor y no intentar comprenderlo todo porque en nuestra lengua materna tampoco lo escuchamos y entendemos todo.

AUTOEVALUACIÓN AUTOEVALUACIÓN AUTOEVALUACIÓ

# Unidad 6

*Gran Vía. Madrid. España*

## Funciones comunicativas

- Expresar probabilidad
- Indicar la existencia de algo o de alguien

## Contenidos gramaticales

- *Quizás* + subjuntivo
- *A lo mejor* + indicativo
- Adjetivos y pronombres indefinidos (revisión)

## Contenidos léxicos

- Léxico relacionado con la literatura y el cine

## Contenidos culturales

- Los misterios del cine
- *Crónica de una muerte anunciada* de Gabriel García Márquez
- La interpretación de los sueños
- Las supersticiones

# 1 Quizás, quizás, quizás...

**1.1.** **Lee las predicciones que ha hecho un astrólogo excéntrico acerca de cómo será el mundo en el año 2500 y puntúalas, de uno a cinco, de acuerdo con el grado de probabilidad que te parezca más adecuado.**

| | 1 | 2 | 3 | 4 | 5 |
|---|---|---|---|---|---|
| • La rata será la mascota preferida de los niños | ☐ | ☐ | ☐ | ☐ | ☐ |
| • No se celebrará la Navidad | ☐ | ☐ | ☐ | ☐ | ☐ |
| • Los padres elegirán a sus hijos en un catálogo de combinaciones genéticas | ☐ | ☐ | ☐ | ☐ | ☐ |
| • Estará de moda ser mayor y tener muchas arrugas; la gente se operará para conseguirlo | ☐ | ☐ | ☐ | ☐ | ☐ |
| • Los hombres se maquillarán más que las mujeres | ☐ | ☐ | ☐ | ☐ | ☐ |
| • Existirán museos donde se expondrán nuestros microondas, nuestros móviles, nuestros ordenadores... | ☐ | ☐ | ☐ | ☐ | ☐ |
| • El amor será realidad virtual | ☐ | ☐ | ☐ | ☐ | ☐ |
| • No habrá reyes ni emperadores | ☐ | ☐ | ☐ | ☐ | ☐ |
| • Los extraterrestres visitarán la Tierra con pantalones cortos y camisas de colores | ☐ | ☐ | ☐ | ☐ | ☐ |
| • Nuevas religiones, hoy desconocidas, serán las más importantes del mundo | ☐ | ☐ | ☐ | ☐ | ☐ |

**1.1.1.** BLA **Ahora, compara tus resultados con los de tu compañero y juntos formad frases siguiendo el modelo. Pero antes de hacerlo, echad un vistazo al cuadro de la página siguiente.**

**Ejemplo:** *Es poco probable que en el año 2500 no se celebre la Navidad.*

- El español tiene muchos recursos para expresar la probabilidad. Uno de los más frecuentes es poner el verbo en subjuntivo tras determinados adverbios y locuciones adverbiales.

**Ejemplos:** ***Quizá*** *mañana vayamos al cine.*
***Tal vez*** *nos quedemos unos días más.*
***Posiblemente*** *consigas el trabajo.*
***Probablemente*** *no quiera venir.*
***Puede (ser) que*** *mejore el tiempo.*
*¿**Es posible que** nos veamos?*
***Es probable que*** *él sea el culpable.*

- Hay otras formas, como ***a lo mejor*** o ***igual***, que siempre van con indicativo, pero de esas nos ocupamos en otra unidad para poder centrarnos ahora en el uso del subjuntivo.

**1.2.** [13] **Prepárate para escuchar las predicciones de otros astrólogos, estos más sensatos. Pero ahora fíjate en cómo reacciona quien los escucha y toma nota de sus reacciones en el cuadro de abajo según el ánimo que muestren estas personas.**

Según nuestro estado de ánimo o nuestro propio criterio, reaccionamos de distintas maneras a las hipótesis que se nos plantean.

| Optimista o esperanzado | Indiferente o escéptico | Crédulo o ingenuo | Incrédulo o pesimista |
|---|---|---|---|
| | | | |

¿Te has fijado? El presente de subjuntivo no es solo un tiempo de presente, sino también de futuro. Mira:

*Quizá ahora sea demasiado tarde.*
*Quizá mañana sea demasiado tarde.*

**1.3.** **Ahora, escribe cinco frases sobre cómo imaginas que será el mundo en el año 2500; no olvides usar formas de probabilidad. Luego, las discutes con tu compañero y reaccionas.**

# 2 Enigmas

**2.1.** **Además del futuro, hay otros muchos misterios sobre los que podemos hablar y plantear hipótesis. Lee este texto.**

### Congreso sobre los grandes enigmas de la vida

El pasado día 22 se clausuró el I Congreso Internacional sobre los grandes enigmas de la vida al que asistieron especialistas de diversas ramas de la ciencia, procedentes de un centenar de universidades, con el fin de dar respuesta a algunos de los principales misterios de nuestro mundo.

Las conclusiones a las que llegaron, tras varias jornadas de exposiciones y debates, fueron las siguientes:

1. **El Triángulo de las Bermudas.** Se trata de un campo magnético que desde el fondo del mar atrae hacia sí a embarcaciones y aviones.
2. **El déjà vu.** No tiene nada que ver con lo sobrenatural; se debe tan solo a un error en los mecanismos de nuestra memoria que se encargan de archivar la información nueva.
3. **Los fantasmas.** Son energía residual de las personas que mueren, simple humo de un fuego que ya se ha apagado.
4. **La adivinación del futuro.** Igual que se puede viajar en el espacio, hay algunas personas que son capaces de viajar en el tiempo y traer información desde allí.
5. **Avista ovnis.** Son alucinaciones que se pueden combatir con ansiolíticos y electrochoque.
6. **El enamoramiento.** Es algo natural, una simple exaltación hormonal causada por el instinto de reproducción; se puede combatir con duchas frías y terapias de grupo (en ningún caso con duchas en grupo).
7. **Los sueños premonitorios.** Son simples casualidades sin ningún interés científico.
8. **Los endemoniados.** Sufren una forma de histeria que solo se da entre los que creen en el Demonio.
9. **El famoso túnel de después de la vida.** Que, sin embargo, se ve siempre en vida, pues de lo contrario nadie habría podido contarlo; es una alucinación común en el estado de coma.
10. **Michael Jackson.** Enigma sin solución.

**2.1.1.** BLA **Ahora, intentad dar una explicación a estos enigmas. Podéis tomar nota de vuestras hipótesis, comentadlas con vuestros compañeros y reaccionad.**

Es posible que el Triángulo de las Bermudas sea una base militar extraterrestre...

**2.1.2.** **Pero seguro que a ti se te ocurren muchos otros enigmas que los congresistas no han incluido en su lista. Elaborad entre todos otra lista y buscadle juntos una explicación.**

| ENIGMAS | EXPLICACIONES |
|---|---|
| | |

**2.2.** **Ahora, misterios mucho más cotidianos que tendrás que resolverle a la preguntona que tienes debajo, usando formas de probabilidad con presente de subjuntivo.**

Como ya viste en la unidad 4, y ahora en esta, cuando expresamos deseos o esperanzas y acciones probables usamos el modo subjuntivo; eso es porque en ambos casos no hablamos de realidades objetivas, sino de percepciones subjetivas y para eso, fundamentalmente, sirve el modo subjuntivo, para expresar aquellas acciones con cuya realidad no puede o no quiere comprometerse el hablante.

**2.3.** Imagina qué les sucede a estos personajes y reacciona a las conjeturas de tus compañeros.

**2.4.** Y ahora, ¿por qué no escribes algunas líneas sobre lo que deseas que te traiga la vida en el futuro y lo que es más probable que ocurra? Luego, coméntalo con tus compañeros.

# 3 ¿Alguien ha visto algo?

**3.1.** Vamos a revisar un tema que ya conoces: los adjetivos y pronombres indefinidos. Para ello, busca los seis distintos que hay en el texto sobre el Congreso Internacional de enigmas y completa esta tabla, añadiendo tú los que faltan.

| | INDICAN EXISTENCIA | | INDICAN INEXISTENCIA | |
|---|---|---|---|---|
| | personas | no personas | personas | no personas |
| PRONOMBRES y/o ADJETIVOS INDEFINIDOS | | | | nada |
| | algún/alguno | | | |
| | | | | |
| | | | ningunos | |
| | | | | |

**3.2.** Contesta a estas preguntas usando un indefinido.

# La **literatura** y el **cine** 4

**4.1.** Este cartel de cine y este titular con su imagen tienen algo en común, ¿qué es? Tratad de desarrollar la noticia aparecida en el periódico *El País*.

## John de la selva

**Un niño ugandés de 15 años que fue cuidado por monos llega al Reino Unido para cantar en un coro**

Mowgli y Tarzán, los niños salvajes más famosos de la literatura universal, tienen un compañero auténtico. Se llama John Ssabunnya, nació en Uganda hace probablemente 15 años y fue adoptado en su infancia por recogía leña en un claro de la selva cercano a aldea. Una familia de monos Vervet les molestaba. Hasta aquí, la escena era de lo más cotidiana. Uno de los simios, no obstante les llamó la atención. Gritaba y corría como

**4.1.1.** La vida de "John de la selva" es un misterio. Hablando de misterios, ¿qué vocabulario conoces? Relaciona el que te va a dar tu profesor con su definición correspondiente.

**4.2.** **¿Qué grandes misterios ha tratado el cine? De esas películas, ¿cuál prefieres y por qué?**

**4.2.1.** **¿Qué os sugieren estas otras imágenes? Utilizad los exponentes de probabilidad estudiados para explicarlas.**

**4.2.2.** **¿Os gusta leer?, ¿qué tipo de literatura?, ¿conocéis alguna novela de algún escritor español o hispanoamericano?, ¿preferís una novela o una película basada en ella?**

**4.3.** **Mira estas viñetas inspiradas en la obra *Crónica de una muerte anunciada* de un famoso escritor colombiano, Gabriel García Márquez. El misterio que subyace en ella es lo que provoca el interés del lector.**

**4.3.1.** BLA **Por el título y las viñetas, ¿de qué crees que trata?, ¿cuál puede ser el misterio?**

**4.3.2.** [14] **Escucha este diálogo y señala a qué viñeta corresponde.**

**4.3.3.** BLA **Ahora, responded a las siguientes preguntas:**

1. ¿Qué ha pasado?
2. ¿Hay "gato encerrado"?
3. ¿Por qué se habrán casado?
4. ¿Qué habrá pasado la noche de bodas?
5. ¿Por qué la habrá devuelto a su madre?
6. ¿A quién acusa ella y por qué?
7. ¿Qué van a hacer sus hermanos?
8. ¿Qué pasará con los novios?

**4.3.4.** BLA **Cambiad vuestras respuestas con las de la pareja de al lado. De sus respuestas, comentad lo que os parece posible, poco probable, imposible y explicad por qué.**

**4.3.5.** [15] **Escucha, ahora, un resumen del argumento. Después, elige las respuestas correctas y compruébalas con las del ejercicio anterior.**

**1. ¿Dónde se sitúa la acción?**
- a. En una capital de Colombia
- b. En un pequeño pueblo de Colombia
- c. En un pueblo de España

**2. ¿En qué época?**
- a. A principios del siglo XX
- b. A mediados del siglo XX
- c. A finales del siglo XX

**3. ¿Qué adjetivo describe al novio?**
- a. Forastero
- b. Orgulloso
- c. Pobre

**4. ¿Qué adjetivo describe a Santiago Nasar?**
- a. Misógino
- b. Ligón
- c. Gay

**5. ¿Qué tema trata relacionado con la honra?**
- a. El adulterio
- b. La virginidad
- c. La familia

**6. ¿Qué decisión toman los hermanos de ella?**
- a. Hablar con él
- b. Matarle
- c. Darle una paliza

**7. ¿Conocía Santiago Nasar su destino?**
- a. Algo
- b. Sí
- c. No

**8. ¿Por qué nadie le avisó?**
- a. No se atrevían
- b. No querían
- c. Por diversas circunstancias

**9. ¿Dónde murió?**
- a. En su casa
- b. En la calle
- c. En el puerto

**10. ¿Quién presenció el crimen?**
- a. Nadie
- b. Varias personas
- c. Todo el pueblo

**4.3.6.** BLA **Rectificad ahora vuestras respuestas del ejercicio 4.3.3.**

**4.3.7.** **Aquí tienes las primeras líneas de *Crónica de una muerte anunciada*, léelas y contesta luego a las preguntas.**

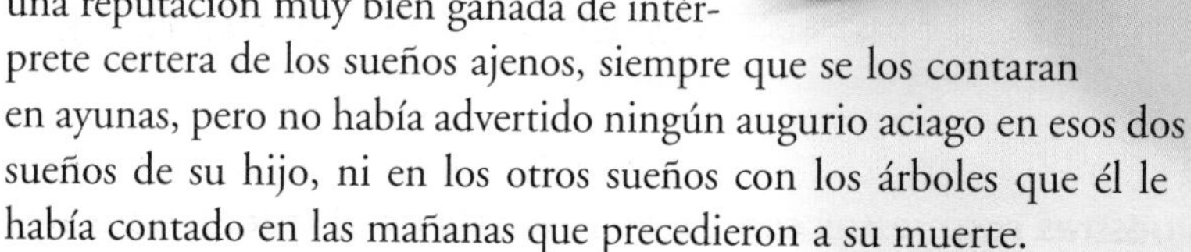

"El día en que lo iban a matar, Santiago Nasar se levantó a las 5.30 de la mañana para esperar el buque en que llegaba el obispo. Había soñado que atravesaba un bosque de higuerones donde caía una llovizna tierna, y por un instante fue feliz en el sueño, pero al despertar se sintió por completo salpicado de cagada de pájaros. "Siempre soñaba con árboles", me dijo Plácida Linero, su madre, evocando 27 años después los pormenores de aquel lunes ingrato. "La semana anterior había soñado que iba solo en un avión de papel de estaño que volaba sin tropezar por entre los almendros", me dijo. Tenía una reputación muy bien ganada de intérprete certera de los sueños ajenos, siempre que se los contaran en ayunas, pero no había advertido ningún augurio aciago en esos dos sueños de su hijo, ni en los otros sueños con los árboles que él le había contado en las mañanas que precedieron a su muerte.

Tampoco Santiago Nasar reconoció el presagio. Había dormido poco y mal, sin quitarse la ropa, y despertó con dolor de cabeza y con un sedimento de estribo de cobre en el paladar, y los interpretó como estragos naturales de la parranda de bodas que se había prolongado hasta después de la media noche".

*Crónica de una muerte anunciada.* Gabriel García Márquez

**Gabriel García Márquez nació en 1928 en Colombia. Ganó en 1982 el Premio Nobel de Literatura. Es autor de obras tan importantes como *Cien años de soledad*, *El amor en los tiempos del cólera*, *El otoño del patriarca* y *El coronel no tiene quien le escriba*.**

**4.3.8.** **Contesta verdadero o falso.**

| | Verdadero | Falso |
|---|---|---|
| 1. Ese día se levantó temprano para ir a esperar un barco. | | |
| 2. Siempre que soñaba con árboles era feliz. | | |
| 3. Santiago Nasar tenía veintisiete años cuando murió. | | |
| 4. La madre tenía buena fama como intérprete de sueños. | | |
| 5. Para poder interpretar los sueños, la madre tenía que comer antes. | | |
| 6. La madre estaba preocupada por los sueños de su hijo. | | |
| 7. Santiago se sentía mal porque la noche antes había estado en la fiesta de una boda. | | |

**4.3.9.** **¿Qué crees que es el realismo mágico? Escribe tu idea.**

**4.3.10.** **Y ahora, busca en el texto esos elementos fantásticos por los que se dice que esta novela pertenece a la corriente del realismo mágico y discútelos con tus compañeros.**

**4.3.11.** **¿Conoces alguna otra novela que pertenezca a esta corriente literaria? ¿Cuál?**

**4.3.12.** **¿Qué elementos suelen aparecer en los sueños? Con tu compañero, intenta adivinar a cuáles se refieren estas interpretaciones. Puedes añadir las tuyas propias.**

Simboliza algo que está más que muerto en nuestro interior y que se desea olvidar. Depende del lugar donde aparezca (armario, debajo de la cama, etc.) representaría relaciones liquidadas que no están realmente olvidadas. Ver el de un familiar o pariente: peleas, o rupturas sentimentales. Besarlo: larga vida.

Suele representar la totalidad de la personalidad humana. Es uno de los sueños más complejos y difíciles de interpretar, y por eso hay que analizar todos los detalles ya que puede tener una variante psíquica, espiritual, fisiológica o erótica. Puede representar el estado anímico del soñador según estén las partes que la componen. Asimismo, cada parte de la misma tiene un significado específico que puede relacionarse con un problema en zonas específicas del cuerpo humano. Verla llena de gente, bonita y soleada indica suerte, prosperidad, salud, negocios que darán buenos frutos.

Símbolo fálico y también de fertilidad en las mujeres. En los hombres, soñar que se pierden significa miedo inconsciente a perder la potencia sexual. En las mujeres, alude a la falta de vida sexual compartida. En ocasiones, la caída de los mismos indica que vienen cambios en su vida. Si se caen todos o la mayoría: falta de vitalidad, peligro de que fallen apoyos familiares, contratiempos, disgustos.

Esta acción onírica muestra un claro avance muy liberador. Supone superarse a sí mismo, escapar lejos de agobiantes sensaciones de obstrucción y parálisis. Aunque a veces nos crea angustia no poder hacerlo cuando alguien nos persigue.

Simboliza todo tipo de riquezas materiales y también hace referencia a la energía personal. Dárselo a los más necesitados puede ser considerado como un acto de gratitud que fortalece nuestro espíritu, sobre todo si el marco emocional así lo demuestra.

Para más información consultar www.tarotsabio.com

**4.3.13.** Cuéntanos algún sueño que hayas tenido...

## AUTOEVALUACIÓN

1. **¿Qué exponentes de probabilidad se utilizan con el modo subjuntivo? ¿Y con indicativo?**
2. **Escribe cuatro exponentes que sirvan para expresar probabilidad.**
3. **En el vocabulario relacionado con misterios, ¿recuerdas algún sinónimo de *enigma* y de *resolver*?**
4. **¿Con cuáles de estas situaciones o actividades se podría haber practicado la expresión de probabilidad?**

   - ☐ resolver el misterio de un robo
   - ☐ hacer un diagnóstico médico
   - ☐ hacer una entrevista de trabajo
   - ☐ comentar una película
   - ☐ redactar un currículum
   - ☐ hacer conjeturas sobre el más allá
   - ☐ hablar del origen del universo

5. **¿Recuerdas tres de las supersticiones que hemos tratado?**
6. **¿Quién escribió *Crónica de una muerte anunciada* y a qué corriente literaria pertenece esta novela?**
7. **¿Que tipo de textos prefieres trabajar en clase?**

   - ☐ Literarios
   - ☐ Periodísticos
   - ☐ Cartas
   - ☐ Científicos
   - ☐ Legales
   - ☐ Otros

Ya sabes que para practicar la comprensión lectora lo mejor es leer, y cuanto más variados sean los textos mejor.

# Unidad 7

### Funciones comunicativas

- Valorar y opinar
- Destacar o dar importancia a algo
- Expresar acuerdo y desacuerdo
- Organizar nuestras palabras: argumentar

### Contenidos gramaticales

- Verbos y fórmulas de opinión tipo:
  - *me parece/es* + adjetivo + *que* + subjuntivo
  - *me parece/está* + adverbio + *que* + subjuntivo
  - *es un/una* + sustantivo + *que* + subjuntivo
  - *es cierto/evidente* + *que* + indicativo
  - *está claro* + *que* + indicativo
- Estructura: *lo más/menos* + adjetivo + *es*
- Argumentación: organizadores del discurso
- Pronombres sujeto: función enfática

### Contenidos léxicos

- La ecología

### Contenidos culturales

- Contraste de expresiones: español de España y español de América
- *La mujer de agua* de Carmen Rigalt

# 1 Estamos muy verdes

**1.1.** **Aquí tienes algunas palabras sobre ecología. Unas son positivas y otras negativas con respecto al medio ambiente. Con tu compañero, clasifícalas y explica por qué.**

- sequía
- reciclaje
- envases de plástico
- basura
- contenedor
- contaminación
- pilas
- consumo
- industria
- gases contaminantes
- transporte
- ahorro
- cuidado
- protección
- energía eléctrica
- incendio
- daño
- latas
- conservación
- papel reciclado
- inundaciones
- recogida selectiva
- vertidos
- ONG

**1.2.** **Ahora, encuentra las acciones que se relacionan con los siguientes nombres. Ayúdate de un diccionario monolingüe.**

1. El reciclaje ......RECICLAR......
2. La basura ..............................
3. La contaminación ..............................
4. El consumo ..............................
5. El ahorro ..............................
6. Los vertidos ..............................
7. El daño ..............................
8. La conservación ..............................
9. El cuidado ..............................
10. La protección ..............................
11. El incendio ..............................
12. Las inundaciones ..............................

**1.3.** Escribe el presente de subjuntivo de los verbos 1, 4, 6 y 10 del ejercicio anterior.

| | 1. | 4. | 6. | 10. |
|---|---|---|---|---|
| Yo | recicle | | | |
| Tú | | consumas | | |
| Él, ella, usted | | | vierta | |
| Nosotros/as | | | | |
| Vosotros/as | | | | protejáis |
| Ellos, ellas, ustedes | | | | |

**1.4.** **Lee este texto que han escrito unos ecologistas. Es un manifiesto a favor del sentimiento ecológico.**

### MANIFIESTO

En primer lugar, creemos que es necesario que, entre todos, reconstruyamos las ricas sociedades del norte para que produzcan en función de las necesidades humanas y no en función de las necesidades de los pocos ricos del mundo. Es decir, nos parece urgente que se disminuya el gran consumo de la sociedad actual. Por otra parte, es importante que se reduzca el gasto energético actual; creemos que hay que desarrollar las energías renovables y disminuir el consumo de energía en sectores como el transporte, por ejemplo.

En cuanto al reciclaje, es conveniente que se haga una publicidad negativa sobre la compra de objetos de usar y tirar, objetos no retornables, y que los gobiernos prohíban su creación y producción. Es verdad que se está trabajando en ello, pero no es suficiente.

Sabemos que, en países donde llueve poco, es urgente que los gobiernos controlen el mal uso del agua; una posible solución pensamos que puede ser realizar programas de educación para aprender a ahorrar agua.

Finalmente, nos parece muy negativo que haya países que todavía hagan prácticas militares con armas nucleares.

En conclusión, es evidente que tenemos muchas cosas que hacer en este siglo que comienza y está claro que tenemos que cambiar nuestra forma de trabajar, producir y consumir.

Ecologistas fundidos

**1.4.1.** **Con tu compañero, busca las expresiones de opinión y valoración que encuentres en el texto.**

- **Para hacer valoraciones** se usa el subjuntivo:

  ***Me parece/es*** + adjetivo
  ***Me parece/está*** + adverbio } + ***que*** + subjuntivo
  ***Es un/una*** + sustantivo

**Ejemplo:** *Me parece increíble* / *Está mal* / *Es una pena* } *que sigan funcionando las centrales nucleares.*

- **Para confirmar lo evidente, una realidad,** se usa el indicativo:

  ***Es*** + cierto/evidente/verdad/indudable + ***que*** + indicativo
  ***Está*** + claro + ***que*** + indicativo

**Ejemplo:** *Está claro que todavía tenemos que hacer mucho más a favor del medio ambiente.*

**1.5.** **Completa las frases con indicativo o subjuntivo, eligiendo el verbo adecuado.**

**haber • ser • ponerse • seguir • tirar • ir(se) • empezar**

1. Es normal que (nosotros) .............................. morenos rápidamente; el agujero de la capa de ozono tiene la culpa.
2. Me parece mal que .............................. restricciones de agua en el verano, si hay sequía, el gobierno tiene que adoptar otro tipo de soluciones.
3. ¿Es cierto que Xavier Pastor .............................. el director español de Greenpeace?
4. Nos parece increíble que .............................. fabricando pilas de botón. ¡Son muy, muy contaminantes y todo el mundo lo sabe!
5. Es posible que .............................. con una ONG a ayudar en las últimas inundaciones.
6. Es mejor que no .............................. la basura por la mañana, porque con el calor hay malos olores en los contenedores.
7. Es verdad que este gobierno .............................. mucho más ecologista que el anterior. ¡Menos mal!
8. Esta claro que con la sequía de este invierno .............................. a haber muchos más incendios este año.
9. Es necesario que la gente .............................. a usar los transportes públicos de forma masiva.
10. No es lógico que .............................. fabricando armas nucleares.

**1.6.** **Enlaza de una forma lógica.**

| | |
|---|---|
| **1** Les parece fantástico | **a** que haya tanta contaminación en las grandes ciudades y que se haga tan poco para disminuirla. |
| **2** Es horrible | **b** que hagan experimentos con animales. |
| **3** Es verdad | **c** que haya castigos más duros contra las industrias que dañan el medio ambiente. |
| **4** Me parece interesante | **d** que el egoísmo es el principal culpable del daño al medio ambiente. |
| **5** Creo que es urgente | **e** que el ruido en las grandes ciudades empieza a ser un tema muy preocupante. |
| **6** Está claro | **f** que en la oficina solo se use papel reciclado. |
| **7** Me parece increíble | **g** que los gobiernos se tomen en serio el tema de la protección del medio ambiente. |
| **8** Nos parece fatal | **h** que todavía haya países con bombas nucleares. |

**1.7.** Agrupaos según el país de donde sois, la región, la ciudad... y tomad notas sobre el sentimiento ecológico que tiene la gente y sobre los parajes naturales que ofrece. ¿En qué estado están?, ¿el gobierno se ocupa de ellos?... Tomad como ejemplo el texto de la actividad 1.4.

Contaminación, reciclaje, vertidos, soluciones gubernamentales...

**1.7.1.** Ahora, explicadlo a la clase y contrastad toda la información.

Cuando queremos destacar o dar importancia a una parte de nuestra opinión sobre un tema, podemos utilizar las siguientes estructuras:

| | | | |
|---|---|---|---|
| Lo | más<br>menos | urgente<br>importante<br>grave<br>necesario | es + infinitivo/nombre sing.<br>es/son + nombre plural |

*Lo más urgente es sustituir las energías contaminantes por otras.*

*Lo más importante es la sustitución de energías contaminantes por otras.*

# Está **más claro que** el agua **2**

**2.1.** Mira estas fotos y di qué te sugieren.

**2.1.1.** **Reflexiona unos minutos y toma notas... ¿Qué es para ti lo más...? Ahora, reúnete con tu compañero y contrastad vuestras prioridades.**

- Lo más importante de esta vida es/son...
- Lo más conflictivo de la industria es/son...
- Lo más urgente en mi ciudad es/son...
- Lo más grave en el mundo es/son...
- Lo mejor del reciclaje es/son...
- Lo peor de los zoos es/son...
- Lo más interesante de las ONG es/son...
- Lo más necesario en mi país ahora es/son...

**2.2.** **Es importante vivir cómodo y bien. ¿Qué es lo prioritario para ti en una ciudad? Ordena de más a menos importante y escribe tus conclusiones. Observa el cuadro que te damos a continuación.**

Transporte
Zonas verdes
Seguridad
Libertad
Vida cultural
Sistema de reciclaje
Vivienda
Integración
Anonimato
Posibilidades de trabajo

Cuando queremos dar una opinión, muchas veces introducimos varias ideas. Para organizar nuestras ideas, tenemos los siguientes elementos en español, entre otros:

1. **Para introducir la enumeración de ideas:**
   *En primer lugar*
   *Para empezar*
   *Por una parte*
2. **Para continuar con la siguiente idea, o añadir información:**
   *En segundo/tercer lugar*
   *Además*
   *Asimismo*
   *Por otra parte*
3. **Para introducir un nuevo argumento o idea:**
   *Respecto a*
   *En cuanto a*
4. **Para introducir una idea que se opone o contrasta con lo que hemos dicho antes:**
   *Pero*
   *Sin embargo*
5. **Para expresar causa:**
   *Porque*
   *Ya que*
   *Puesto que*
6. **Para concluir/finalizar:**
   *Por último*
   *En definitiva*
   *Para terminar*

**2.3.** Abajo tienes un artículo sobre la contaminación acústica. Las frases han sido mezcladas y están desordenadas. Señala primero las palabras que ayudan a organizar el artículo y clasifícalas según su función.

1. *Para introducir la enumeración de ideas*

2. *Para continuar con la siguiente idea, o añadir información*

   Por otra parte,

3. *Para un nuevo argumento o idea*

4. *Para introducir una idea que se opone o contrasta con lo que decimos antes*

5. *Para expresar causa*

6. *Para concluir, finalizar*

**2.3.1.** Ahora, encontrad el orden del texto ayudándoos de las palabras de enlace y de la puntuación.

| | | |
|---|---|---|
| | **a** | Respecto a la lucha contra el ruido desgraciadamente es difícil, |
| 1 | **b** | El ruido está considerado como la principal resonancia ambiental de la vida moderna. |
| | **c** | Por otra parte, parece ser que las otras resonancias ambientales tienden más bien a disminuir, |
| | **d** | Por una parte, algunos especialistas afirman que 100 millones de personas en los países de Europa del oeste están expuestas a más de 60 decibelios, |
| | **e** | sin embargo, y por el contrario, el ruido está aumentando en todos los sitios. |
| | **f** | ya que sus fuentes son múltiples y aumentan sin cesar; |
| | **g** | y que además un 30% más de personas estará expuesto a un nivel sonoro inaceptable en el año 2010. |
| | **h** | En definitiva, para muchos ciudadanos en la mayoría de los países industrializados el ruido representa un enemigo demasiado cercano. |
| | **i** | además, la protección contra el ruido es igualmente difícil puesto que es costosa. |
| | **j** | Asimismo, afirman que 65 decibelios es el límite a partir del cual comienzan las perturbaciones fisiológicas, particularmente la del sueño. |

**2.3.2.** Escribe ahora tu opinión sobre el artículo que has leído. ¿Tienes soluciones para este tipo de contaminación? Compara el nivel de ruido en España con el de tu país.

# 3 Tenemos voz y voto

**3.1.** [16] **Escucha a estas tres personas y di de qué hablan. Vuelve a escuchar y señala las informaciones correctas.**

1. El comercio es uno de los sectores más contaminantes.
2. María se ha enterado de que por cada kilómetro que se recorre en coche se emiten 400 g de $CO_2$.
3. Ana va a dejar de comer carne para evitar el cambio climático.
4. Si lavas los platos a mano colaboras con el medio ambiente.
5. Todos muestran preocupación por el cambio climático.

## Expresar y pedir opinión

1. Para dar una opinión tenemos varios instrumentos en la lengua:

***Creo que*** + indicativo
***No creo que*** + subjuntivo

***Para mí,*** / ***A mi modo de ver,*** } + opinión

Opinión + ***vamos, creo yo***

***(A mí) me parece que*** + indicativo
***(A mí) no me parece que*** + subjuntivo

CONTINÚA

**2.** Para pedir una opinión podemos utilizar:

| | |
|---|---|
| *¿Tú qué crees?* | *¿Usted qué cree?* |
| *¿A ti qué te parece?* | *¿A usted qué le parece?* |
| *¿Tú qué opinas?* | *¿Usted qué opina?* |
| *¿Tú qué dices?* | |
| *¿Tú cómo lo ves?* | |

Muchas veces usamos los pronombres personales para marcar bien que **nosotros** estamos dando nuestra opinión o para contrastarla con la de los demás. Aquí, los pronombres personales tienen una función de énfasis y de contraste.

*Creo que sí.*
*Yo creo que sí, pero él cree que no.*

**3.2.** BLA **Sobre estos temas, ¿qué preferís? Usad los organizadores del discurso. Comentad al resto de compañeros vuestras coincidencias y diferencias. No os olvidéis de los pronombres sujeto.**

- Comer productos frescos o congelados.

- Trabajar para mejorar la tecnología o para mejorar nuestra relación con la naturaleza.

- Vivir en una ciudad grande o en un pueblo.

- Ir de vacaciones a Nueva York o a una casa rural en la montaña.

- Tener animales en casa o verlos por la tele.

- Usar envases de plástico o de cristal.

## Acuerdo y desacuerdo. Contrastar opiniones

**1.** Para mostrar acuerdo o desacuerdo con las opiniones de otros podemos usar:

- *Yo (no) estoy de acuerdo* ***con*** { *esa idea* / *Luis* / ***lo de*** + { nombre o infinitivo / ***que*** + subjuntivo } } ***porque...***

  *Yo no estoy de acuerdo con lo de prohibir los coches en el centro de las ciudades.*

- *Yo (no) creo que* ***lo de*** + nombre o infinitivo + subjuntivo

  *Yo no creo que lo de prohibir los coches en el centro de las ciudades solucione el problema.*

Usamos ***lo de*** o ***eso*** para hacer referencia a las palabras que ha dicho otra persona.

*Yo (no) estoy de acuerdo con* { *eso.* / *lo de ir al cine.* }

**2.** Para mostrar que estamos de acuerdo parcialmente utilizamos **pero** y **sin embargo**. Es una manera de introducir nuestra opinión, que será diferente de la que hemos escuchado anteriormente. Una forma de contrastar opiniones:

- *Sí,* { *estoy de acuerdo,* / *claro,* / *por supuesto,* / *desde luego,* / *tienes razón,* } { ***pero*** / ***sin embargo*** } + opinión

► *Los coches contaminan muchísimo la atmósfera.*
▷ *Sí, estoy de acuerdo, pero son necesarios en la vida de hoy.*

**3.** Cuando queremos mostrar que estamos totalmente en desacuerdo, casi enfadados, podemos usar:

*Pues yo no pienso* ***así, ¿eh?***
*Pues yo no estoy* ***para nada*** *de acuerdo.*
***Ni hablar****, eso no es así.*
***¡Pero tú qué dices!***
***No tienes ni idea de lo que estás diciendo.***

**3.3.** [17] **Vas a oír un programa de radio. El locutor planteará a sus oyentes tres preguntas sobre sus inquietudes ecológicas. Escúchalas y prepara por escrito tus respuestas.**

**3.3.1.** BLA **Escucha de nuevo y da tu opinión. Puedes intervenir cuando no estés de acuerdo con las opiniones de tus compañeros.**

**3.3.2.** BLA **Ahora vas a hacer dos preguntas más a tu compañero y él te responderá.**

**3.4.** Vas a escuchar a diferentes personas que hablan sobre el medio ambiente. [18] Escucha las reacciones a las opiniones y pon una X en la columna que tú creas. Pon especial atención en la entonación y la forma de decirlo.

| *Acuerdo total* | | | *Acuerdo parcial* | | | *Desacuerdo* | | |
|---|---|---|---|---|---|---|---|---|
| 1. | ☐ | | 1. | ☐ | | 1. | ☐ | |
| 2. | ☐ | | 2. | ☐ | | 2. | ☐ | |
| 3. | ☐ | | 3. | ☐ | | 3. | ☐ | |
| 4. | ☐ | | 4. | ☐ | | 4. | ☐ | |
| 5. | ☐ | | 5. | ☐ | | 5. | ☐ | |

**3.4.1.** Vuelve a escuchar y escribe en el cuadro anterior las expresiones que indican [18] acuerdo total, acuerdo parcial y desacuerdo. Comenta los resultados con tu compañero.

**3.4.2.** Marca con un círculo las opiniones con las que estás de acuerdo.

**3.4.3.** BLA Ahora, busca un compañero que las comparta, formaréis un equipo. Buscad tres argumentos a favor de las opiniones con las que estéis de acuerdo y tres con las que estéis en contra. Vamos a hacer un debate en clase.

**3.4.4.** Llegad a un acuerdo entre todos y escribid en una cartulina las conclusiones a las que habéis llegado acerca de los temas que habéis tocado en la reunión. Colgad el resultado en la pared de la clase. ¡Tened en cuenta todo lo estudiado en la unidad! Como punto de referencia tenéis el manifiesto de ***Ecologistas fundidos*** en la actividad 1.4.

**Ejemplo:** *En primer lugar, todos hemos estado de acuerdo con lo de que nuestra ciudad no es una ciudad ecológica, sin embargo...*

## AUTOEVALUACIÓN

**1. Escribe diez acciones relacionadas con la ecología:**

1. ........................................
2. ........................................
3. ........................................
4. ........................................
5. ........................................
6. ........................................
7. ........................................
8. ........................................
9. ........................................
10. ........................................

**2. Ahora, ¿puedes explicar la diferencia entre dar una opinión y valorar?**

**3. Valora de 1 a 5, en función de tus preferencias:**

| | 1 | 2 | 3 | 4 | 5 |
|---|---|---|---|---|---|
| 1. Los ejercicios donde practico la gramática de una forma directa. | ☐ | ☐ | ☐ | ☐ | ☐ |
| 2. Los textos que me hacen reflexionar sobre la gramática. | ☐ | ☐ | ☐ | ☐ | ☐ |
| 3. Las actividades con las que, sin darme cuenta, estoy practicando gramática. | ☐ | ☐ | ☐ | ☐ | ☐ |
| 4. Los ejercicios en los que aprendo vocabulario y gramática al mismo tiempo. | ☐ | ☐ | ☐ | ☐ | ☐ |

Recuerda siempre que estudiar una lengua no quiere decir solamente estudiar gramática. Piensa que la gramática está detrás de cada mensaje que tú quieres comunicar, piensa que la gramática solo es un instrumento al servicio de la comunicación. No te obsesiones con ella.

# Revisión (1)

## Funciones comunicativas

- Expresar cortesía
- Hablar del pasado. Situar una acción anterior a otra en el pasado
- Convencer, atraer la atención y animar a la acción
- Expresar/preguntar por sensaciones físicas
- Dar consejos, recomendaciones y soluciones
- Expresar deseo
- Felicitar, agradecer
- Expresar probabilidad
- Valorar y opinar
- Organizar nuestras palabras
- Argumentar

## Contenidos gramaticales

- Modo indicativo; imperativo; presente de subjuntivo; condicional simple
- *Ojalá* + subjuntivo
- Marcadores de probabilidad: *a lo mejor, quizás...*
- Verbos y fórmulas de opinión del tipo: *es/está* + adj. + *que* + ind./subj.
- Argumentación: organizadores del discurso

## Contenidos léxicos

- Léxico relacionado con la radio y la publicidad

## Contenidos culturales

- La publicidad en España

# Estamos **en la onda**

**Vamos a subir la antena y a meternos en el mundo de la radio. Crearemos entre todos una emisora de radio en español, pero para eso tendremos antes que escuchar diferentes emisoras en español, sacar sus características, valorarlas y criticarlas, para después elegir el nombre de nuestra emisora, su dial, sus contenidos, su música..., formar equipos y repartirnos las distintas secciones que habrá en ella; crear los programas y, por fin..., grabar el resultado.**

**1** BLA **Antes de crear un producto hay que espiar a la competencia para mejorar lo que hay en el mercado, coger lo bueno de ellos, desechar lo malo y añadir lo nuevo y original. Navega en Internet con tu compañero y métete en una de estas direcciones:**

http://www.el-castellano.com/radios.html

http://www.radio-locator.com/cgi-bin/nation?ccode=es

**Encontrarás diferentes emisoras de radio en español, elige dos y escucha diez minutos cada una. Pero antes lee el informe que deberéis realizar:**

1. ¿Qué nombre tiene la primera emisora? ...............................

   ¿Os gusta el nombre? ☐ mucho ☐ bastante ☐ poco ☐ no

   ¿Por qué? ...............................

   ¿Qué nombre tiene la segunda? ...............................

   ¿Os gusta el nombre? ☐ mucho ☐ bastante ☐ poco ☐ no

   ¿Por qué? ...............................

2. ¿Tiene la primera una frase identificativa, un eslogan? ...............................

   ¿Os gusta? ☐ mucho ☐ bastante ☐ poco ☐ no

   ¿Por qué? ...............................

   ¿Tiene la segunda una frase identificativa, un eslogan? ...............................

   ¿Os gusta? ☐ mucho ☐ bastante ☐ poco ☐ no

   ¿Por qué? ...............................

3. Marcad el tipo de información que ofrecen en la página web

   ☐ publicidad ☐ encuestas ☐ programación

   ☐ noticias breves ☐ concursos ☐ otros ...............................

4. ¿Os han dado ideas para vuestra futura emisora?

   ☐ muchas ☐ bastantes ☐ pocas ☐ ninguna

   Especificad ...............................

**CONTINÚA**

**5.** En los diez minutos que habéis escuchado, ¿qué contenidos han ofrecido?

- ☐ música ☐ noticias ☐ anuncios
- ☐ su eslogan ☐ su sintonía ☐ consultorio sentimental
- ☐ la hora ☐ deportes ☐ opiniones de oyentes
- ☐ tertulias ☐ entrevistas ☐ otros ..............................................................

**6.** ¿Cómo eran los locutores?

- ☐ vocalizaban ☐ hablaban rápido ☐ hablaban despacio
- ☐ voz interesante ☐ voz sosa ☐ voz ronca
- ☐ voz alegre ☐ voz monótona

**7.** ¿Cuándo escuchasteis la radio?

- ☐ por la mañana ☐ por la tarde ☐ por la noche

**2** **Haced el informe y valorarlo.**

**3** **Con los resultados obtenidos, sacad conclusiones y elaborad un informe para exponerlo en clase.**

**4** BLA **Llegó el momento de crear nuestra emisora de radio en español. Para ello vamos a reunirnos y a decidir entre todos algunos puntos importantes. Elegid un secretario y un moderador que recoja vuestras decisiones por escrito:**

- Tipo de oyente
- Especializada o no
- Un nombre y el dial
- Una música que identifique la emisora
- Una frase o eslogan que la identifique
- Franja horaria
- Programas

**5** **Ahora que ya tenéis claro cómo va a ser vuestra emisora y los contenidos que tendrá, formad grupos para crear las distintas secciones que elijáis. Una vez elegidas las secciones, vuestro profesor os dará unas fichas de trabajo.**

**6** BLA **Si ya lo tenéis todo listo, solo queda ensayar, dar entre todos un orden al programa y... grabar.**

## AUTOEVALUACIÓN

**1. La revisión me parece:** ☐ fácil ☐ difícil ☐ útil ☐ larga

**2. He tenido problemas con:** ☐ Internet ☐ las audiciones ☐ la preparación de las secciones del programa

**3. Con este tipo de tareas:** ☐ aprendo mejor ☐ lo que aprendo lo aplico a la realidad ☐ pierdo el tiempo ☐ puedo reflexionar sobre la lengua

**4. Necesito mejorar:** ☐ mi expresión oral ☐ mi comprensión oral ☐ mi expresión escrita ☐ mi comprensión lectora

AUTOEVALUACIÓN AUTOEVALUACIÓN AUTOEVALUACIÓN

# Repetimos desde el principio

## 1. Elige:

1. Últimamente ........................ mucho a visitar a mis abuelos.
   - a. iba
   - b. he ido
   - c. fui
2. Anoche no ........................ con mis amigos porque ........................ agotada.
   - a. había salido/ estuve
   - b. salía/ he estado
   - c. salí/ estaba
3. Cuando por fin me ........................ a comprar el bolso que tanto me ........................, ya lo ........................ .
   - a. decidí/ gustaba/ habían vendido
   - b. decidía/ gustaba/ vendieron
   - c. había decidido/ gustó/ vendían
4. Hace un rato ........................ el chico con el que ........................ ayer.
   - a. llamó/ estuviste cenando
   - b. ha llamado/ estuviste cenando
   - c. llamó/ habías estado cenando
5. Cada vez que ........................ vacaciones ........................ a verme.
   - a. tuvo/venía
   - b. tenía/venía
   - c. ha tenido/vino

## 2. Encuentra el intruso en cada columna.

planta
cinta andadora
bicicleta estática
pesas
sauna
colchoneta

- las rodillas
- las caderas
- los hombros
- los codos
- la cintura
- los riñones

- mover
- levantar
- estirar
- relajar
- contraer
- escribir

- escolares
- compañero
- curso
- cuarto de baño
- horarios
- biblioteca

## 3. Completa el cuadro:

| | | |
|---|---|---|
| empieza | | |
| | siga | |
| | | volved |

| | | |
|---|---|---|
| no pienses | | |
| | no oiga | |
| | | no entren |

## 4. Escribe, junto a estos marcadores de probabilidad, la opción que creas correcta:

**1** para probabilidad alta **2** para probabilidad media **3** para probabilidad baja

1. Quizás ....................
2. Creo que ................
3. A lo mejor ............
4. Supongo que........
5. Seguramente........
6. Me parece que....

## 5. En las siguientes frases hay tres incorrectas, márcalas:

1. Espero que aprobéis los exámenes.
2. Es normal que la gente recicla poco.
3. ¡No pides más *pizzas*, por favor!
4. No creo que se haya comido toda la *pizza* él solo, ¡es imposible!
5. Eso nos pasa por no haber cogido un paraguas, ¡estamos calados!
6. No sé dónde he puesto las llaves, las habría puesto en cualquier sitio.
7. ¡Ojalá venga mañana mi hermano!

# Unidad 8

Templo maya de Tikal. Guatemala

## Funciones comunicativas

- Describir y definir
- Identificar objetos, lugares y personas y dar información secundaria
- Pedir información sobre si sabe algo o conoce algo/a alguien
- Pedir (algo) especificando

## Contenidos gramaticales

- *Ser* y *estar*. Usos (revisión)
- Oraciones de relativo. Contraste indicativo/subjuntivo
- Antecedente conocido/desconocido

## Contenidos léxicos

- Léxico de descripción
- La moda

## Contenidos culturales

- La Pasarela Cibeles, Madrid
- La Pasarela Gaudí, Barcelona
- El Quetzal
- Panamá, Guatemala, Nicaragua, Costa Rica
- Mónica Molina, actriz y cantante española

# 1 Hay que **estar** a la **última**

**1.1.** Lee este artículo sobre la Pasarela Cibeles.

Hay que estar a la última

Dirección: www.modamoda.com

## Pasarela Cibeles: una apuesta por la moda española

### Breve historia del escaparate del diseño nacional

**La Pasarela Cibeles se ha convertido en cita obligatoria para la moda nacional. Consolidada a lo largo de su ya larga historia, supone la mejor plataforma para el lanzamiento y promoción de diseñadores y modelos. Lo que empezó con seis diseñadores madrileños se ha convertido hoy en lugar de encuentro para más de 30 profesionales de toda España.**

La Pasarela Cibeles nació en febrero de 1985 con el fin de ofrecer a los diseñadores españoles la posibilidad de mostrar sus creaciones, aprovechando la Semana Internacional de la Moda, y así completar la oferta existente en la feria donde se reunía la industria de la confección. Entonces, la Comunidad Autónoma de Madrid, de acuerdo con los criterios del Ministerio de Industria y Energía, decidió crear un Comité de Moda, al que encargó la organización y coordinación de las presentaciones de creadores de moda femenina con alta calidad de diseño.

La primera edición de los desfiles, en febrero de 1985, tenía una filosofía clara: convertir la Pasarela en plataforma abierta a todos los creadores españoles con diseño de calidad y suficientes garantías de respuesta comercial, pero siempre centrados en la moda-mujer. Entre el 28 de febrero y el 2 de marzo de ese año, pasaron sus modelos en la carpa de la plaza de Colón seis diseñadores de Madrid, convirtiéndose en punto de referencia obligado para el gran número de profesionales presentes en Madrid durante la Semana Internacional de la Moda.

En septiembre de 1985 se trasladó al Museo del Ferrocarril. Creció el número de creadores y se abrió a diseñadores de otros puntos de España. En su tercera convocatoria, en febrero de 1986, se incorporó a la Pasarela el primer Salón Cibeles, como complemento de difusión comercial de calidad. Todos los creadores que ocuparon la Pasarela participaron en el Salón.

En su cuarta edición, en septiembre de 1986, se trasladó a la Casa de Campo, acercándose a la feria, según el interés manifestado a este respecto por el Comité de Moda.

Cibeles se separó de la Semana Internacional de la Moda en septiembre de 1989, pasando a celebrarse en el Palacio de Congresos y Exposiciones de Madrid.

En septiembre de 1995, ambos certámenes coinciden en su escenario de celebración, el Parque Ferial Juan Carlos I de Madrid. En enero de 1996, tras el acuerdo firmado entre la Comunidad de Madrid e Ifema (Feria de Madrid), Ifema pasa a organizar la Pasarela Cibeles que se integra nuevamente en la SIMM.

Cibeles es la punta de un iceberg formada por una amplia cobertura industrial que tiene su muestra de forma paralela. La Semana Internacional de la Moda de Madrid (SIMM) reúne al sector confección en su conjunto en el Parque Ferial Juan Carlos I.

Adaptado de www.lavozdegalicia.com

**1.1.1.** Buscad en el texto sinónimos de:

1. **Cita:** encuentro
2. **Confecciones:** ..........
3. **Pases:** ..........
4. **Imprescindible:** ..........
5. **Expuesto:** ..........
6. **Feria:** ..........
7. **Creadores:** ..........
8. **Maniquíes:** ..........
9. **Comisión:** ..........
10. **Pasillo, estrado:** ..........

**1.1.2.** **Buscad otro título para la noticia e intentad resumirla con vuestras palabras. Gana la pareja que menos palabras haya usado y más ideas haya recogido; el profesor y el grupo harán de jurado.**

**1.2.** **Alberto es de Madrid y es director de una agencia de modelos y Carlos es de Sevilla pero está en Madrid. Carlos está de organizador de uno de los desfiles de Pasarela Cibeles, ya sabes, *un importante encuentro de diseñadores de moda que tiene lugar en Madrid para presentar las novedades de las distintas temporadas.* Carlos está muy preocupado porque necesita urgentemente a una serie de modelos para su desfile. Lee los e-mails que se mandan el uno al otro y fíjate en los usos de *ser* y *estar*.**

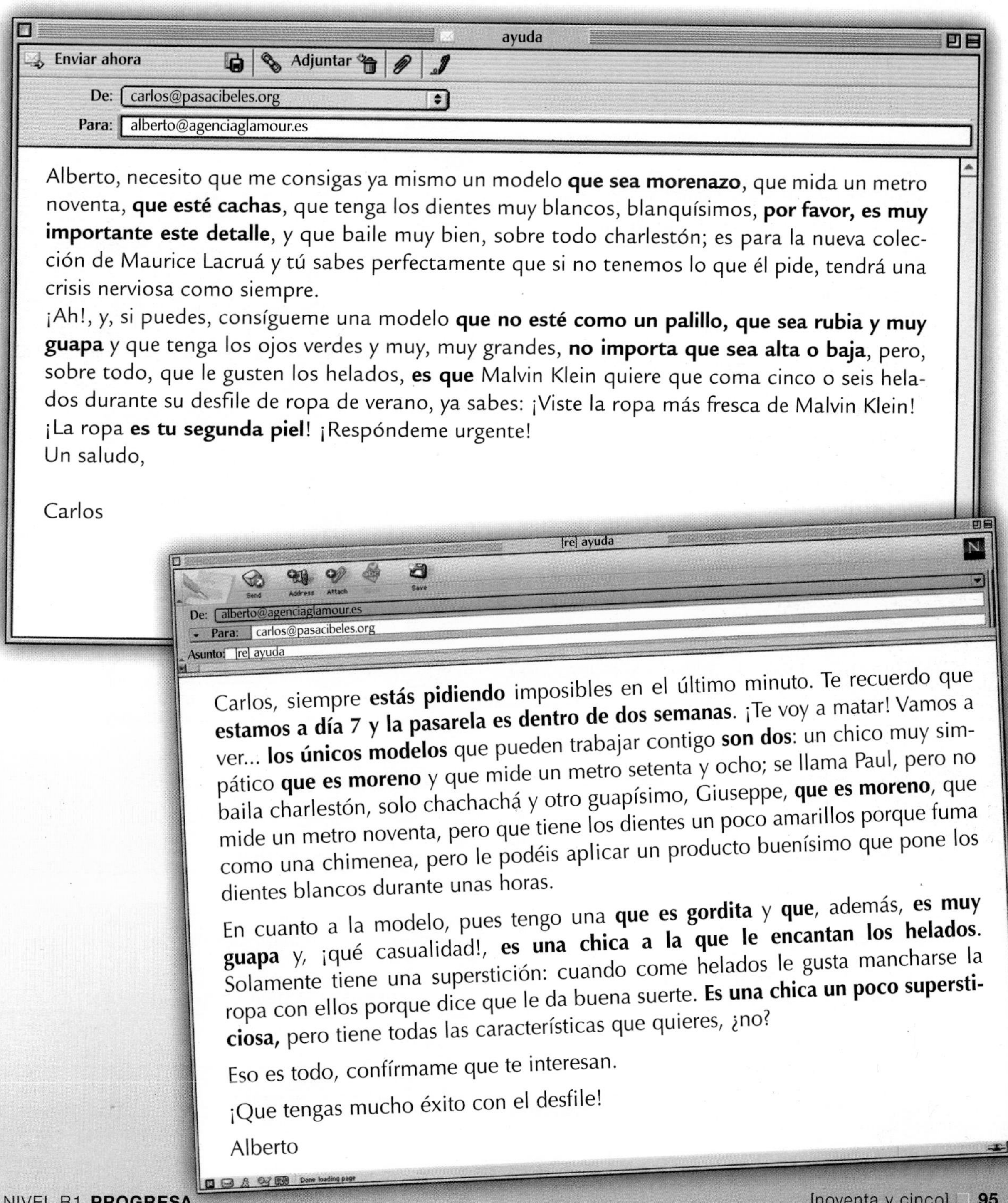

ayuda

Enviar ahora | Adjuntar

De: carlos@pasacibeles.org

Para: alberto@agenciaglamour.es

Alberto, necesito que me consigas ya mismo un modelo **que sea morenazo**, que mida un metro noventa, **que esté cachas**, que tenga los dientes muy blancos, blanquísimos, **por favor, es muy importante este detalle**, y que baile muy bien, sobre todo charlestón; es para la nueva colección de Maurice Lacruá y tú sabes perfectamente que si no tenemos lo que él pide, tendrá una crisis nerviosa como siempre.

¡Ah!, y, si puedes, consígueme una modelo **que no esté como un palillo, que sea rubia y muy guapa** y que tenga los ojos verdes y muy, muy grandes, **no importa que sea alta o baja**, pero, sobre todo, que le gusten los helados, **es que** Malvin Klein quiere que coma cinco o seis helados durante su desfile de ropa de verano, ya sabes: ¡Viste la ropa más fresca de Malvin Klein! ¡La ropa **es tu segunda piel**! ¡Respóndeme urgente!

Un saludo,

Carlos

[re] ayuda

Send | Address | Attach | Save

De: alberto@agenciaglamour.es

Para: carlos@pasacibeles.org

Asunto: [re] ayuda

Carlos, siempre **estás pidiendo** imposibles en el último minuto. Te recuerdo que **estamos a día 7 y la pasarela es dentro de dos semanas**. ¡Te voy a matar! Vamos a ver... **los únicos modelos** que pueden trabajar contigo **son dos**: un chico muy simpático **que es moreno** y que mide un metro setenta y ocho; se llama Paul, pero no baila charlestón, solo chachachá y otro guapísimo, Giuseppe, **que es moreno**, que mide un metro noventa, pero que tiene los dientes un poco amarillos porque fuma como una chimenea, pero le podéis aplicar un producto buenísimo que pone los dientes blancos durante unas horas.

En cuanto a la modelo, pues tengo una **que es gordita** y **que**, además, **es muy guapa** y, ¡qué casualidad!, **es una chica a la que le encantan los helados**. Solamente tiene una superstición: cuando come helados le gusta mancharse la ropa con ellos porque dice que le da buena suerte. **Es una chica un poco supersticiosa,** pero tiene todas las características que quieres, ¿no?

Eso es todo, confírmame que te interesan.

¡Que tengas mucho éxito con el desfile!

Alberto

**1.2.1.** Revisa los usos de *ser* y *estar* y completa los espacios con ejemplos de los correos de Alberto y Carlos.

## Ser

- **Para definir, generalizar o caracterizar a personas y cosas:**
  - Nacionalidad o procedencia:
    - *Julia es alemana.*
    - (1)
    - (2)
  - Descripción de personas:
    - *Alberto es alto y rubio.*
    - (3)
    - (4)
    - (5)
    - (6)
    - (7)
    - (8)
  - Descripción de cosas:
    - *La camisa es beige, de manga larga.*
    - (9)
  - Material:
    - *La falda es de algodón.*
  - Posesión:
    - *La corbata azul es mía.*
  - Definición o identificación:
    - *Esa es la verdad.*
    - (10)
- **Profesión o puesto en una empresa:**
  - (11)
- **Tiempo:** *de día, de noche, de madrugada,* fechas:
  - *En invierno, a las cinco ya es de noche.*
  - (12)
  - *El desfile es el día 15 de marzo.*
- **Justificarse** con *es que:*
  - *Ya sé que llego tarde, es que he perdido el tren.*
  - (13)
- **Expresar el precio total de las cosas:**
  - *¿Cuánto es un café y una tostada?*
  - *Son cinco euros, por favor.*

**CONTINÚA**

## Estar

- **Para expresar estados físicos o emocionales en los que se encuentran cosas o personas:**
  - *Los helados están fríos.*
  - *Ana está muy rara últimamente.*
  - *Estamos hartos de estudiar gramática.*
  - (a)
- **Para comparar una cualidad actual con otro momento o lo que se considera que es normal:**
  - *Los tomates están baratos.*
  - *El niño está muy alto para su edad.*
  - (b)
  - (c)

- **Profesión u ocupación temporal:**
  - *Manuel está de camarero en una cervecería.*
  - (d)
- **Tiempo:** fechas:
  - *Hoy estamos a 27 de junio.*
  - (e)
- ***Estar* + gerundio:**
  - (f)
- **Expresar un precio que cambia:**
  - *¿A cuánto están hoy los calabacines? Ayer los compré a 5 euros el kilo.*

**CONTINÚA**

- **Lugar de celebración de un evento:**
  - *La Pasarela Gaudí siempre ha sido en Barcelona.*
  - *Las pruebas de selección son en el despacho.*
- **Lugar:** ubicación de cosas y personas:
  - *Carlos está en Cádiz visitando una fábrica.*
  - *No sé dónde está la perfumería.*
  - *No sé dónde estamos.*
  - (g)
- **Valoración:**
  - *Es importante que elijamos bien el modelo.*
  - *Es bueno que salgas con los amigos.*
  - (14)
- **Valoración:**
  - *Está bien que llames para disculparte.*
  - *Está claro que tiene interés.*

**1.2.2.** **Ahora, pasadle vuestro cuadro a la pareja de al lado, ella os dará el suyo. ¿Estáis de acuerdo con sus ejemplos? Discutidlo con vuestros compañeros.**

**1.3.** **Elige una opción y justifica tu respuesta:**

**1.** Mis padres ☐ son / ☐ están de Galicia, pero mis hermanos y yo nacimos en Asturias; así que ☐ no somos / ☐ no estamos gallegos como ellos.

**2.** ▶ ☐ Es / ☐ Está mucho dinero por una casa tan pequeña.
▶ En eso ☐ somos / ☐ estamos de acuerdo. Deberíamos buscar algo que ☐ sea / ☐ esté más barato y que ☐ sea / ☐ esté cerca de la estación.

**3.** ▶ ¿Dónde ☐ fue / ☐ estuvo el homenaje a Cristóbal Balenciaga?
▶ En el Instituto Valenciano de Arte Moderno.
▶ ¿Y eso dónde ☐ es / ☐ está?
▶ Pues... en Valencia, claro.

**4.** ▶ ¿Qué ☐ eres / ☐ estás haciendo?
▶ ☐ Soy / ☐ Estoy buscando en el armario algo que ponerme para la fiesta de Patricia.

**5.** ▶ ¿Quién ☐ es / ☐ está ese chico al que has saludado?
▶ ☐ Es / ☐ Está mi hermano, ¿no lo conocías?

**6.** La blusa que me he comprado ☐ es / ☐ está de seda y los pantalones ☐ son / ☐ están de cuero.

**7.** Oye, ¿qué le pasa a Carolina? ☐ Es / ☐ Está bastante deprimida.

# ¡Que **sea como sea**, me da igual!

**2.1.** **Volved a leer los correos de Carlos y Alberto. ¿Creéis que Carlos y Alberto tienen una relación estrictamente profesional? ¿Qué pistas os dan los correos? Justificad vuestra respuesta.**

**2.2.** **Busca en esta sopa de letras catorce adjetivos que caractericen a los modelos de los que hablan Carlos y Alberto. Después, escribe en un globo los que corresponden solo a los modelos que quiere Carlos y en el otro los que definen a los modelos que ha encontrado Alberto.**

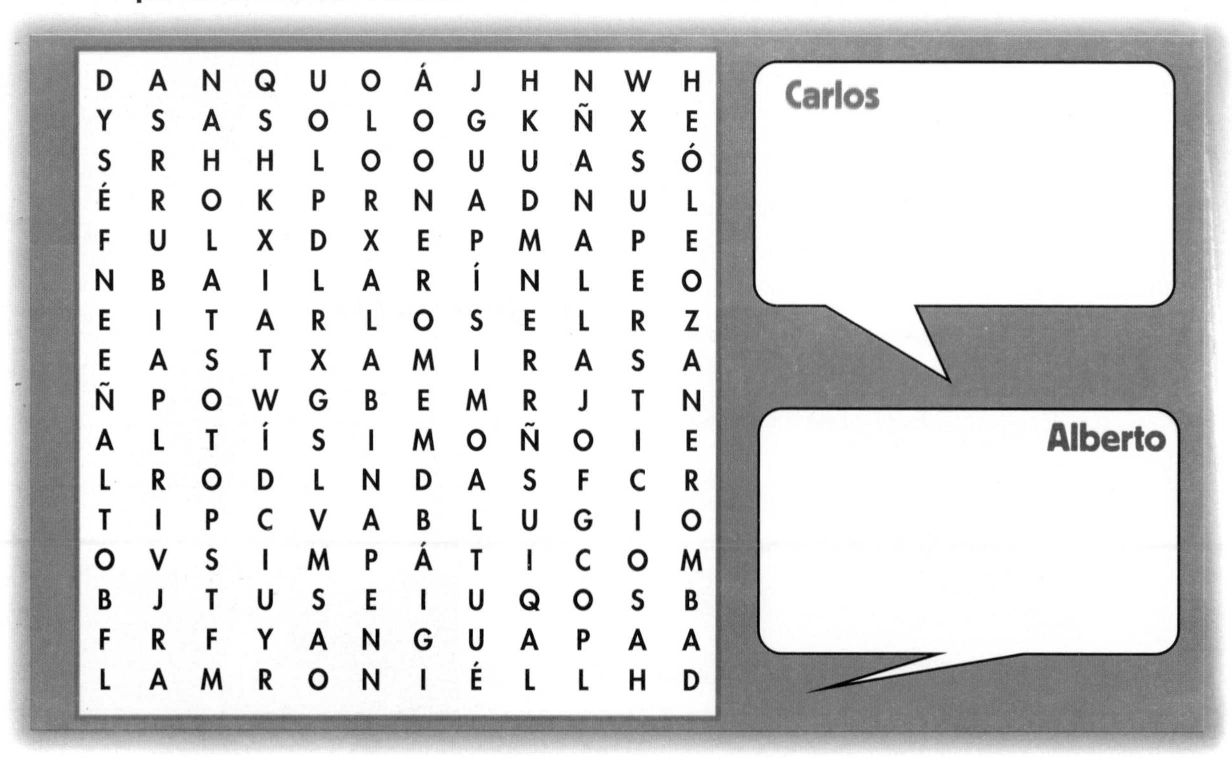

**2.3.** Vuelve a leer los correos entre Carlos y Alberto y subraya las oraciones de relativo que encuentres. Recuerda que son frases de relativo porque tienen el pronombre relativo "que" y que funcionan como un adjetivo, es decir, sirven para describir características de objetos, personas, lugares...

**Ejemplo:** *Un modelo* ***que sea morenazo...***

**2.3.1.** **En estas oraciones, el verbo que acompaña está, unas veces, en indicativo y otras, en subjuntivo. ¿Por qué? Clasifica las frases en su columna correspondiente y reflexiona.**

- Las frases de relativo sirven para identificar o describir algo o a alguien. Ese algo o alguien se llama ***antecedente***. Si el antecedente es **conocido** se usa **indicativo**:

Nombre + { **que** / **donde** } + indicativo

*Una chica* ***que estudia*** *conmigo en la escuela.*

*Un restaurante* ***donde como*** *todos los días.*

- Cuando no sabemos si existe o no ese algo o alguien que describimos, o no podemos identificarlo, es decir, si el ***antecedente*** es **desconocido** se usa **subjuntivo**:

Nombre + { **que** / **donde** } + subjuntivo

*Busco una chica* ***que hable*** *español para practicar mi español.*

*¿Conoces un restaurante* ***donde se coma*** *una buena paella?*

**2.4.** **Relaciona:**

1. Buscan un profesor
2. He encontrado una casa
3. Voy siempre a un bar
4. Conozco a una chica
5. Vimos una moto
6. Quiero un diccionario
7. Necesito una mesa
8. Busco un hotel

a. está en un barrio muy tranquilo.
b. sabe hablar inglés muy bien.
c. tenga frases con ejemplos.
d. haya campo de golf.
e. ocupe poco espacio.
f. ponen unas tapas buenísimas.
g. sepa bailar sevillanas.
h. era de 1930.

# 3 ¡Cambias de novio como de camisa!

**3.1.** [19] **Escucha a Paloma y a Jimena, dos amigas que se encuentran por la calle y hace tiempo que no se ven.**

**3.1.1.** **¿Cambias de casa, de amigos, de trabajo, de estudios, de pareja, de ciudad, de móvil... igual que cambias de camisa? Ahora puedes hacer como Jimena. ¿Cuál de estas cosas, lugares y personas te gustaría cambiar? Descríbenos cómo es con todo detalle lo que tienes y lo que te gustaría tener.**

Quiero cambiar de casa, de coche, de estudios o trabajo, de ciudad, de, de, de...

¿Cómo quiero que sean mi nueva casa, mi nuevo coche y mis nuevos estudios o mi nuevo trabajo?

**Ejemplo:**

Tengo un piso pequeño que no tiene aire acondicionado y vivo en una ciudad donde hace mucho calor, demasiado. Además, mi piso está lejos del centro y a mí me encanta salir y caminar por la ciudad, y si es por el centro, mejor.

¿Qué tipo de casa buscas?

Busco una casa que sea grande, que tenga aire acondicionado, que sea céntrica, que esté pintada toda de rosa, que esté cerca del metro y, por supuesto, que sea baratísima, ¡claro!

**3.2.** **En los periódicos o en los tablones de los supermercados siempre encuentras anuncios breves donde la gente vende, compra, busca de todo. Algunos son bastante cómicos como estos que vas a leer a continuación.**

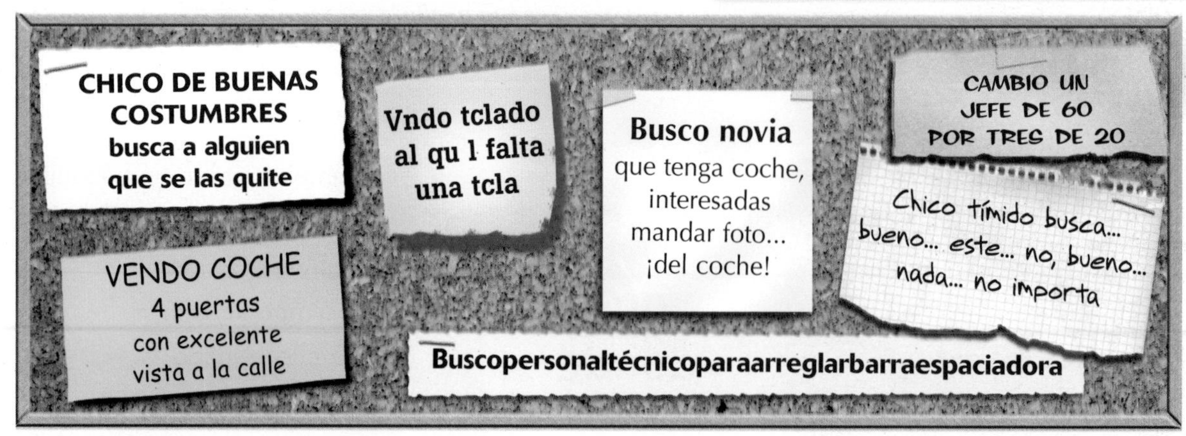


**3.2.1.** **Os invitamos a que escribáis con humor un anuncio breve y lo colguéis en el tablón de la escuela. ¡No os cortéis! ¡Nunca se sabe!**

**4.1.** Escuchad a estas dos personas que hablan sobre una zona del continente americano y rodead con un círculo en el mapa la zona de la que se trata. [20]

**4.1.1.** Vamos a jugar. Escucha a tu profesor.

**4.1.2.** Señala en la transcripción de la actividad los subjuntivos que encuentres. Estos verbos forman parte de una frase, de una idea. ¿Qué quieren comunicar Sara y Margarita con esas frases?

**Sara:** En septiembre, cojo un mes de vacaciones y la verdad es que me apetece un montón ir a Hispanoamérica y conocer algunos países. ¿Conoces alguna zona en la que no haya que recorrer muchos kilómetros, pero en la que haya mucha variedad de paisajes? No sé...

**Margarita:** ¡Qué preguntas más fáciles haces, Sara! El año pasado fui a través de una agencia de viajes a recorrer una de las zonas más alucinantes de América. ¡No hay nada en el mundo que se le parezca! No solo es única por la diversidad de paisajes, sino por la fuerza de sus culturas indígenas que mantienen sus lenguas y costumbres de siglos y siglos. Puedes conocer siete países que, juntos, tienen una extensión similar a la de España. Yo volví enamorada de aquellas tierras. Visité los volcanes –¡todavía activos!–, las playas tropicales, la ciudad de Tikal, el canal que pone en contacto los dos océanos, Corcovado, uno de los parques naturales más salvajes de la zona, y muchas cosas más... Te podría hablar horas y horas. Mañana te traigo fotos.

**Sara:** ¿Sí? ¡Vale! Oye, ¿y sabes si hay alguna dirección en Internet que te ofrezca información de esa zona en general?

**Margarita:** Sí, claro, hay muchas, pero esta está bastante bien, copia: www.terra.com.gt/turismoca/

- Para preguntar por la existencia o no de algo o de alguien se usa el **subjuntivo**:

¿Hay / ¿Conoces (a) / ¿Sabes si hay + { **alguien** / **algo** / **algún/alguna** + nombre } + **que** + subjuntivo

*¿Hay alguien **que pueda** decirme cuál es la moneda de Panamá?*
*¿Conoces algún plato **que sea** típico de Guatemala?*
*¿Conoces a alguien **que sepa** dibujar?*
*¿Sabes si hay algún país de Hispanoamérica **que no tenga** ríos?*

- Para negar la existencia o decir que es poca o escasa, también se usa el **subjuntivo**:

No hay + { **nadie** / **nada** / **ningún/ninguna** + nombre } + { **que** / **donde** } + subjuntivo

*No hay nadie **que sepa** hablar francés.*
*No hay ningún restaurante marroquí **que esté** cerca de aquí.*

Hay **poco/a/os/as** + nombre + { **que** / **donde** } + subjuntivo

*En España hay poca gente **que sepa** hablar chino.*

**4.2.** **Completa las ideas y preguntas de "el pensador".**

**Ejemplo:** *No hay nadie...* → ***No hay nadie que sea más cariñoso que mi novia.***

**4.3.** **¿Conocéis Centroamérica? Cada uno de vosotros tiene una ficha que completar sobre cuatro países de esta zona, un test que prueba vuestros conocimientos. Si no sabes las respuestas, tu compañero de equipo te puede ayudar, pero con la condición de que tú le formules una pregunta usando las estructuras que acabamos de estudiar.**

**Ejemplo:** *¿Conoces algún país que limite al norte con Nicaragua?*

**alumno a**

**El país es...**

1. Limita al norte con Nicaragua y al sudeste con Panamá. ______
2. Su capital está diseñada como un tablero de ajedrez. ______
3. La moneda oficial es el córdoba. ______
4. Hay un lago de agua dulce donde viven tiburones. ______
5. Allí llaman al autobús "el bicho". ______

**alumno b**

**El país es...**

1. Limita al norte y al oeste con México. ______
2. No hay ejército. ______
3. La lengua oficial es el español, aunque el inglés es muy usado. ______
4. Algunos de sus platos típicos son: pepián, chuchitos y tapados. ______
5. Tiene una zona arqueológica de más de 30 000 km$^2$. ______

**alumno c**

**El país es...**

1. Mantiene una de las políticas más avanzadas de todo el mundo en la protección del medio ambiente. ______
2. El tamborito es un baile típico de ese país; se baila tocando palmas y tambores. ______
3. Hay más variedades de mariposas que en toda África. ______
4. El nombre de este país significa "abundancia de peces". ______
5. Este país es un istmo, una banda de tierra entre dos océanos. ______

**alumno d**

**El país es...**

1. Es el país más grande de Centroamérica. ______
2. En este país se encuentran muchas especies de orquídeas. ______
3. Allí se encuentran los volcanes más altos y activos. ______
4. Es el país con mayor longitud de playas en el océano Pacífico y en el mar Caribe. ______
5. Su capital está dominada por tres volcanes: el Fuego, el Agua y el Pacaya. ______

**4.4.** Vamos a jugar. Tu profesor va a darte las instrucciones.

**Ejemplo:**

**Alumno A:** *¿Me dejas un diccionario que sea monolingüe?*

**Alumno B:** *Sí, toma.*

*No, lo siento, no tengo ninguno.*

Recuerda los indefinidos:
- **alguien** ≠ **nadie**
- **algo** ≠ **nada**
- **uno/a** ≠ **ninguno/a**
- **algún/alguna** + nombre ≠ **ningún/ninguna** + nombre

- **Para pedir especificando, puedes usar:**

**¿Me dejas**
**¿Tienes** } + cosa + **que** + subjuntivo?
**¿Me das**

*¿Tienes un boli* ***que sea*** *rojo?*

**Necesito**
**Quiero** } + cosa/persona + **que** + subjuntivo

*Necesito una modelo* ***que lleve*** *gafas.*

**Me dejas** significa siempre pedir prestado. Sin embargo, en diversos contextos, todas estas expresiones también pueden utilizarse en la función de pedir prestado algo a alguien.

# 5 ¿El **hábito** hace al **monje**?

**5.1.** Define la forma de vestir de las personas de la foto. ¿En qué tipo de tiendas crees que compran? ¿Cuánto se gastarán en ropa al mes? ¿Crees que siguen la moda?

**5.2.** [21] **Hemos realizado una encuesta por la calle y hemos hecho a estas cuatro personas una serie de preguntas relacionadas con la moda. Toma notas de sus opiniones en cuanto a:**

| | ESTILO | DINERO | ELECCIÓN DE ROPA | MARCAS | SE FIJA EN... |
|---|---|---|---|---|---|
| CARMEN | | | | | |
| MÓNICA | | | | | |
| IÑAKI | | | | | |
| JOSÉ LUIS | | | | | |

**5.2.1.** [21] **Vuelve a escuchar. Responde verdadero o falso y justifica tu respuesta.**

| | Verdadero | Falso |
|---|---|---|
| 1. Carmen viste clásica, prefiere los colores como el negro o el marrón y siempre pide al dependiente la misma marca. | | |
| 2. Mónica define su estilo como actual, moderno. No mira las marcas. Ella busca la relación calidad-precio y a la hora de comprar ropa se suele fijar en la gente que ve por la calle. | | |
| 3. Iñaki utiliza la corbata incluso cuando hace deporte. Elige ponerse una ropa u otra según el tiempo que haga y se deja aconsejar por una mujer cuando compra. | | |
| 4. José Luis viste elegante, se gasta bastante dinero en ropa debido a su trabajo, le gusta combinar bien la ropa y los colores, le gustan las marcas y no mira las revistas de moda antes de comprar. | | |

**5.3.** **¿Y tu compañero? ¿Sigue la moda? ¿Qué estilo tiene? ¿Gasta mucho dinero en ropa? Sigue las instrucciones de tu profesor, vamos a jugar.**

**5.4.** **Uno de vosotros es Juanjo, director de la agencia de modelos Lashion y otro es Pep, organizador de la Pasarela Gaudí, la reunión de diseñadores de moda más importante de Barcelona. Pep escribe un e-mail a Juanjo porque necesita de sus servicios. Juanjo debe responderle lo antes posible.**

alumno a Eres Pep: tienes una personalidad un poco especial, eres muy puntilloso, te gusta que todo salga perfecto; sabes que Alberto es un poco barullero así que le escribes un e-mail muy serio, formal y con toda la información bien detallada. Sabes muy bien lo que quieres.

**Buscas:**

- Una modelo para un desfile estilo africano (define tú sus características físicas).
- Una firma de zapatos especializada en desfiles de moda con gran variedad de modelos.
- Un presentador-director del desfile de Pañenciaga con mucha experiencia y voz muy varonil.

Enviar Dirección Adjuntar Guardar

## alumno b

Eres Juanjo: eres extrovertido, odias los formalismos, te encanta exagerarlo todo y además te encantan los cotilleos; hablar de los demás es tu perdición. Haces bien tu trabajo, pero a veces improvisas demasiado y parece que eres barullero; en realidad, para ti lo importante es que las cosas salgan, bien o mal, pero que salgan. Recibes el e-mail de Pep y haces lo que puedes para que esté contento; aunque no encuentras exactamente lo que él quiere, le ofreces otras alternativas.

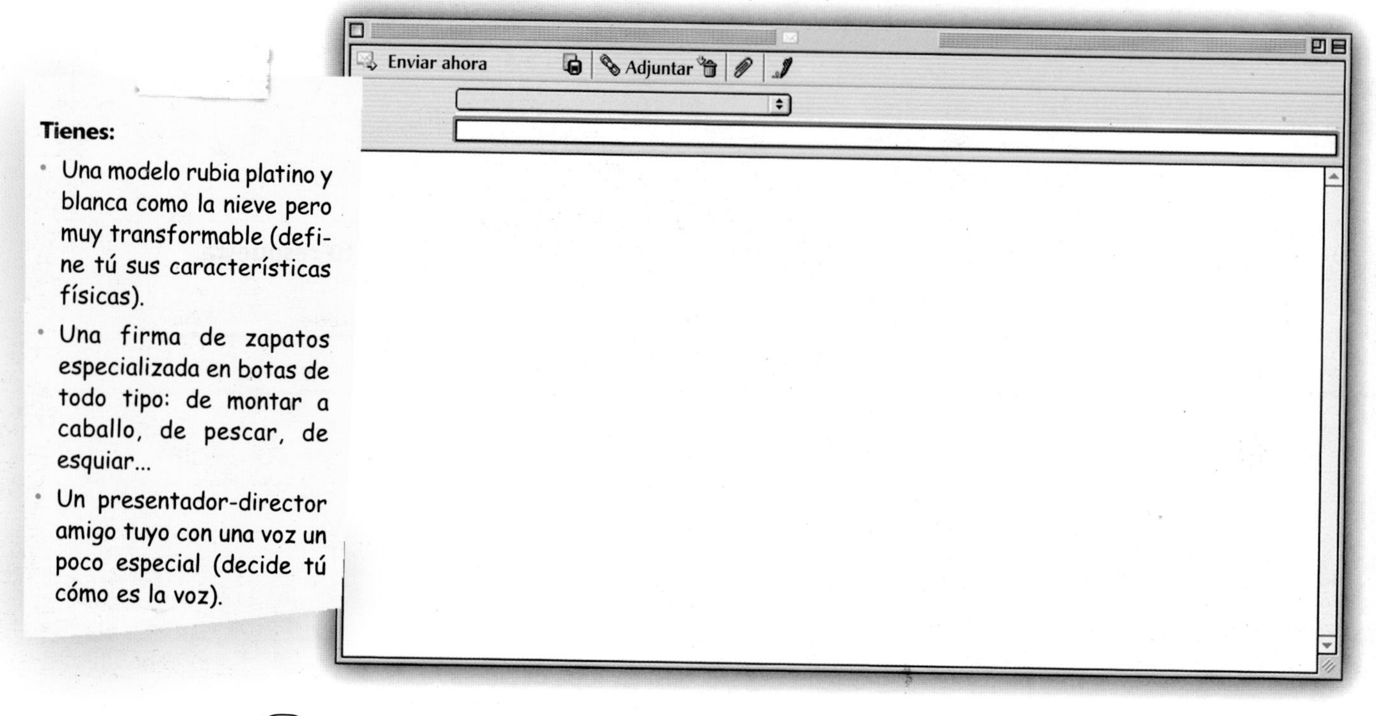


**5.4.1.** BLA **Ahora que cada uno ha leído el correo del otro, llamaos por teléfono, definid vuestras posturas y llegad a un acuerdo.**

## AUTOEVALUACIÓN

1. **Escribe diez adjetivos para describir a personas.**

2. **¿Indicativo o subjuntivo?**

   En las oraciones relativas utilizo .............................. cuando el antecedente es conocido

   En las oraciones relativas utilizo .............................. cuando el antecedente es desconocido

3. **Cuando escuchas una audición:**

   ☐ Lees primero las preguntas a las que tienes que responder
   ☐ Te centras solo en la información que te piden
   ☐ Intentas entender el texto globalmente
   ☐ Intentas entender todas y cada una de las palabras que escuchas
   ☐ No te esfuerzas porque crees que es difícil

   Cuando escuchamos un texto, es importante leer antes las preguntas y fijarnos en la información que nos piden.

4. **Busca los 5 errores que hay en este texto:**

   Necesito un modelo que es morenazo, que mide un metro noventa, que no esté rubio. Es importante que esté de Galicia. Necesito un modelo que tenga acento gallego. ¿Conoces a algo?

5. **¿Qué aspectos culturales de España e Hispanoamérica has aprendido en esta unidad?**

# Unidad 9

Catedral de Palencia. Palencia. España.

## Funciones comunicativas

- Relacionar dos momentos en el tiempo
- Expresar el momento en que ocurre una acción
- Fijar el momento futuro

## Contenidos gramaticales

- *Después de/antes de* + infinitivo
- *Cuando/después de que/hasta que* + indicativo/subjuntivo
- *Antes de que* + subjuntivo
- Otros nexos temporales

## Contenidos léxicos

- Léxico relacionado con las etapas de la vida

## Contenidos culturales

- Las edades del hombre
- *Resistiré* de El Dúo Dinámico
- El I Ching
- *La sonrisa etrusca* de José Luis Sampedro

# 1 Cuando seas padre, comerás huevos

**1.1.** **Hay acciones que se relacionan con distintas etapas de la vida. Lee atentamente las palabras y clasifícalas. Después, compara con tu compañero los resultados y discutidlos.**

- Plan de pensiones
- Jubilación
- Infancia
- Matrimonio
- Divorcio
- Problemas hormonales
- Acné
- Primer amor
- Primer empleo
- Embarazo
- Juguetes
- Artrosis
- El hombre del saco
- Pandilla
- El ratoncito Pérez
- Cuidar a los nietos
- Emanciparse
- El amigo invisible
- Experimentar
- Ganas de cambiar el mundo

| Los niños | Los adolescentes | Los jóvenes | Los adultos | Los mayores |
|---|---|---|---|---|
| | | | | |

**1.2.** **El Sr. Cuanditis solo sabe hablar con "cuando". Observa cuántas cosas puede decir y cómo las dice.**

**1.2.1.** De las frases que has leído, decide cuál colocar en cada recuadro:

| Acciones habituales | Acciones referidas al pasado | Acciones que todavía no se han producido |
|---|---|---|
| | | |

## Cuando + indicativo

Expresa una acción en el presente o en el pasado.

- ***Cuando*** **+ presente + presente**
  *Cuando **vuelvo** del colegio, **hago** los deberes.*
- ***Cuando*** **+ pretérito imperfecto + pretérito imperfecto**
  *Cuando **salíamos** del trabajo, **íbamos** a la playa.*
- ***Cuando*** **+ pretérito indefinido + pretérito indefinido**
  *Cuando **volví** de mi viaje a Marruecos, lo **eché de menos**.*

## Cuando + subjuntivo

Expresa una acción en el futuro.

- ***Cuando*** **+ presente de subjuntivo + futuro**
  *Cuando **sea** mayor, **me compraré** un coche.*
- ***Cuando*** **+ presente de subjuntivo + imperativo**
  *Cuando **lleguéis** a casa, **llamadme**.*

En la lengua coloquial se usa el presente de indicativo en vez del imperativo o del futuro:
*Cuando **llegues** a casa, me **llamas**.*

**1.3.** Relaciona el ejemplo con su función:

1. En cuanto acabéis de bañaros, secaos con la toalla rápidamente.
2. Iré a visitarte al hospital tan pronto como te operen.
3. Hasta que salga el sol, no nos bañaremos en el río.
4. Mi primo se ponía a bailar cada vez que escuchaba música.
5. Siempre que entra, cierra la puerta.
6. Después de cenar, iremos al bingo.
7. Ordena tu cuarto antes de que lleguen tus padres.
8. Escucha antes de hablar.

- a. Acción repetida
- b. Acción inmediata
- c. Límite de la acción
- d. Acción anterior (mismo sujeto)
- e. Acción anterior (diferente sujeto)
- f. Acción posterior

Otras expresiones relacionadas con **cuando** son:
- **Cada vez que** → repetición
- **Tan pronto como** → acción inmediata
- **En cuanto** → acción inmediata
- **Hasta que (no)** → límite de la acción

**1.4.** Tu amigo necesita que le expliques detalladamente los pasos que debe seguir para encontrar un trabajo. Escríbele una carta, diciéndole lo que tiene que hacer en cada momento usando los conectores que acabas de aprender.

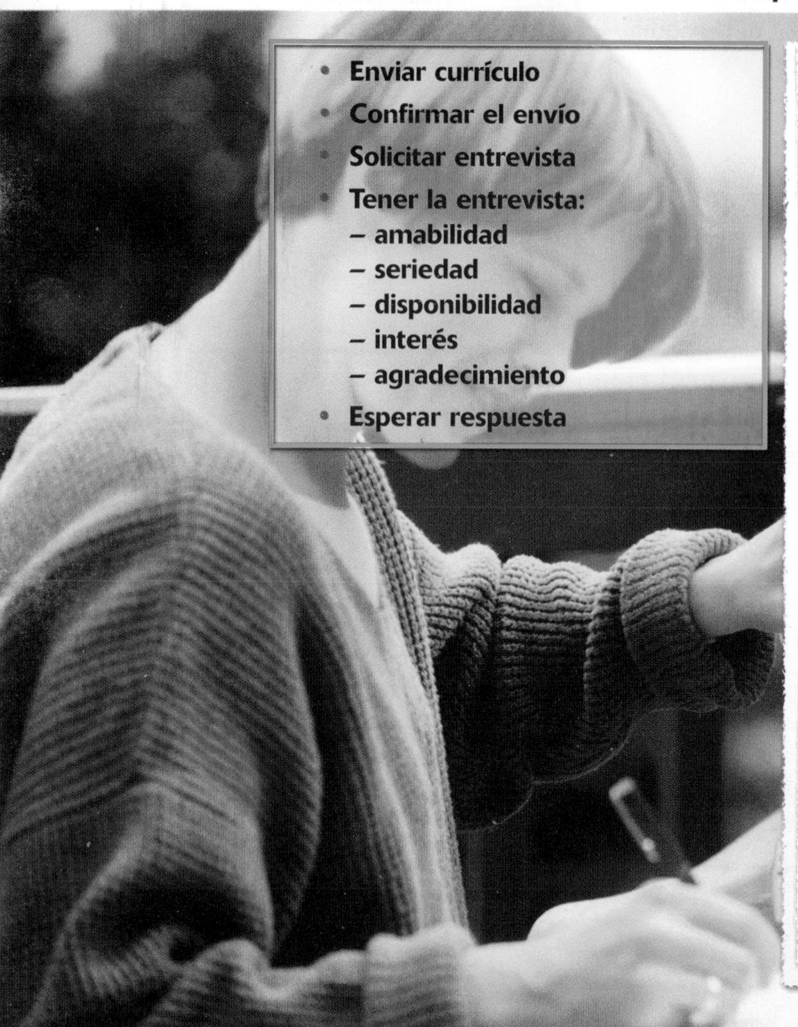

- Enviar currículo
- Confirmar el envío
- Solicitar entrevista
- Tener la entrevista:
  - amabilidad
  - seriedad
  - disponibilidad
  - interés
  - agradecimiento
- Esperar respuesta

***En cuanto** envíes el currículo, confirma por teléfono que lo han recibido...*

**1.5.** Fíjate en este diálogo. Luego, ponte de acuerdo con tu compañero para compaginar las actividades que os proponemos.

alumno a

Tu compañero es un cascarrabias y siempre sabe lo que hay que hacer. Tú prefieres divertirte, pero no te apetece que os peleéis porque le quieres mucho.

*Tú quieres:*

- Ir al cine
- Salir con unos amigos
- Tirarte en el sillón y ver la tele
- Irte a dormir
- Descansar
- Ir un fin de semana a París
- Contestar tus e-mails

alumno b

Tu compañero nunca quiere hacer las cosas que hay que hacer. Le encanta vaguear e ir a lo suyo. Tú intentas que asuma sus responsabilidades.

*Tú quieres:*

- Hacer los deberes
- Levantarte pronto para hacer deporte
- Poner la lavadora
- Recoger los platos de la cena
- Estudiar hasta las doce
- Hacer la compra
- Esperar el horario de la tarifa plana

**1.6.** Lee esta historia:

**1.6.1.** BLA **Ahora, hipnotiza a tu compañero para que haga las siguientes cosas:**

**alumno a**

| CUANDO... | | ENTONCES... |
|---|---|---|
| Oír un golpe | ➡ | Darse la vuelta |
| Abrir la puerta | ➡ | Saltar |
| Aplaudir | ➡ | Cantar una canción |

**alumno b**

| CUANDO... | | ENTONCES... |
|---|---|---|
| Decir "olé" | ➡ | Escribir en la pizarra |
| Coger el libro | ➡ | Gritar "no" |
| Terminar la clase | ➡ | Decir "adiós, gracias" |

**1.7.** Vas a leer un cómic sobre los inconvenientes de hacerse mayor. Lee las siguientes informaciones y marca ✓ las que supones que pueden aparecer en el texto.

- ☐ Cuando te hagas mayor, te sentirás mal de salud con más frecuencia.
- ☐ Cuando salgas por la noche, disfrutarás sin sufrir las consecuencias.
- ☐ Cuando intentes hacer ejercicio físico, tu cuerpo no se resentirá.
- ☐ Cuando te veas de lejos, no te reconocerás.

**1.7.1.** Ahora, lee el cómic:

**1.7.2.** Busca en el texto expresiones sinónimas de:

- Envejecer
- Darse cuenta
- Diversión
- Hacerse muy difícil o casi imposible
- Cambiar
- No existe

**1.7.3.** ¿Qué otras cosas pueden pasarte cuando te hagas mayor?

***Antes de* + infinitivo:** marca la anterioridad de una acción (mismo sujeto).
***Antes de que* + subjuntivo:** marca la anterioridad de una acción (distinto sujeto).
***Después de* + infinitivo:** marca la posterioridad de una acción (mismo sujeto).
***Después de que* + subjuntivo:** marca la posterioridad de una acción (distinto sujeto).

**Ejemplo:** *Antes de salir, apaga la luz.*
*Después de que te vayas, terminaré la carta.*

**2.1.** **Habla con tu compañero sobre los temas que te proponemos más abajo y toma notas.**

**2.2.** [22] **Escucha y marca la respuesta adecuada.**

**1 ¿Quién habla?**
- a. Una mujer de unos setenta años.
- b. Una mujer de mediana edad.
- c. Una treintañera.

**2 Cuando esta mujer era pequeña...**
- a. Vivía en un pueblo.
- b. Vivía en una ciudad.
- c. Vivía en una cueva en el monte.

**3 Conoció a su marido:**
- a. Antes de empezar la guerra.
- b. Después de la guerra.
- c. Durante la guerra.

**4 La mujer piensa que si su nieta tiene hijos...**
- a. Tendrán una vida difícil.
- b. Deberán luchar para conseguir lo que quieren.
- c. No sufrirán tanto como ella.

**2.2.1.** [22] **Vuelve a escuchar la historia y completa la ficha:**

Lugar de nacimiento: ..................................................

Modo de vida durante la infancia: ..................................................

Cómo aprendió a escribir: ..................................................

¿Qué le pasó durante la guerra?: ..................................................

¿Dónde han vivido desde que acabó la guerra?: ..................................................

¿En qué han trabajado su marido y ella?: ..................................................

¿Que le desea a sus bisnietos?: ..................................................

**2.3.** Todos nos preguntamos alguna vez cómo seremos de mayores. Mira atentamente la foto de esta joven actriz de cine, y cuéntanos cómo imaginas que será cuando tenga 70 años, dónde vivirá, etc.

**2.3.1.** [23] **Ahora, escuchad a la mujer, tomad notas y contad a la clase si vuestras hipótesis se acercaban a la realidad.**

**2.4.** [24] **Escucha la siguiente canción del Dúo Dinámico y complétala.**

me apuñale la nostalgia — se me cierren las salidas — el diablo pase la factura — se rebelen los recuerdos — los vientos de la vida soplen fuerte — pierda toda magia

Cuando pierda todas las partidas,
cuando duerma con la soledad,
cuando ....................................,
y la noche no me deje en paz.

Cuando sienta miedo del silencio,
cuando cueste mantenerse en pie,
cuando ....................................,
y me pongan contra la pared.

Resistiré, erguido frente a todos,
me volveré de hierro para endurecer la piel,
y aunque ....................................,
soy como el junco, que se dobla, pero siempre sigue en pie.

Resistiré, para seguir viviendo,
soportaré los golpes y jamás me rendiré,
y aunque los sueños se me rompan en pedazos,
resistiré, resistiré...

Cuando el mundo ....................................
cuando mi enemigo sea yo,
cuando ....................................
y no reconozca ni mi voz.

Cuando amenace la locura,
cuando en mi moneda salga cruz,
cuando ....................................
o si alguna vez me faltas tú.

**2.4.1.** **Con tu compañero, busca un título para la canción.**

....................................................................................................

## 2.4.2. Inventad una canción siguiendo la misma estructura.

Cuando ............................................,
cuando ............................................,
cuando ............................................,
y la noche no me deje en paz.

Cuando ............................................,
cuando ............................................,
cuando ............................................,
y me pongan contra la pared.

Resistiré, erguido frente a todos,
me volveré de hierro para endurecer la piel,
aunque los vientos de la vida soplen fuerte,
soy como el junco, que se dobla, pero siempre sigue en pie.

Resistiré, para seguir viviendo,
soportaré los golpes y jamás me rendiré,
y aunque los sueños se me rompan en pedazos,
resistiré, resistiré...

Cuando ............................................,
cuando ............................................,
cuando ............................................,
y no reconozca ni mi voz.

Cuando ............................................,
cuando ............................................,
cuando ............................................,
o si alguna vez me faltas tú.

## 2.5. Escribe sobre tres situaciones en las que has reaccionado mal y después te has arrepentido.

**Ejemplo:**

Ayer, mi madre me puso nerviosa y le grité.

## 2.5.1. Ahora, confiésate ante tu compañero:

# 3 Oráculos

**3.1.** **¿Sabes qué es un oráculo?**

- ☐ Es el nombre de un ilusionista famoso
- ☐ Es una marca de cremas de noche
- ☐ Es una adivinanza cuya interpretación ayuda a conocer el futuro
- ☐ Es un horóscopo

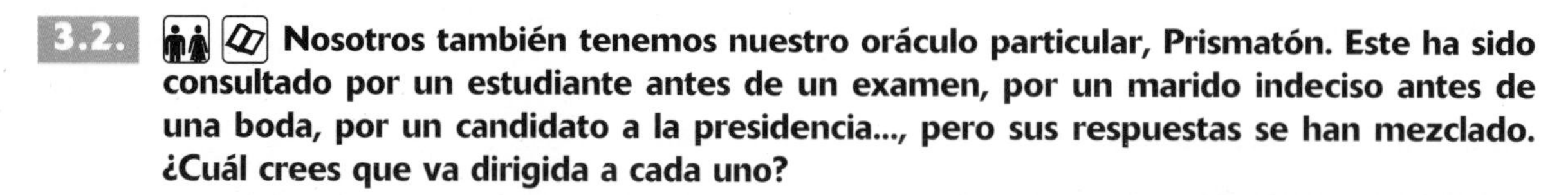

**3.2.** **Nosotros también tenemos nuestro oráculo particular, Prismatón. Este ha sido consultado por un estudiante antes de un examen, por un marido indeciso antes de una boda, por un candidato a la presidencia..., pero sus respuestas se han mezclado. ¿Cuál crees que va dirigida a cada uno?**

**a.** *Cuando la noche caiga y las hojas se abran en color, el cuervo anunciará la suerte que te has buscado.*

**b.** *Si tus ideas corren, tu mano las acompañará en su caminar.*

**c.** *Cuando la cola de la paloma te conduzca hasta la catedral, el humo de las velas te liberará de las esposas.*

**3.2.1.** **Ahora es vuestro turno. Cada alumno escribirá en un papel una pregunta al oráculo.**

**3.2.2.** **El profesor os da dos preguntas de vuestros compañeros. Formulad oráculos para ellas.**

**3.2.3.** **¿Creéis en los oráculos? ¿Por qué?**

**3.3.** Lee atentamente el texto. Después, relaciona las palabras de la columna de la izquierda con su definición en la columna de la derecha.

# I Ching, el oráculo oriental

## *tres monedas descubren tu futuro*

**Cuando no sepas qué camino elegir o cuál es la mejor decisión a tomar, consulta el I Ching. Este arte adivinatorio te permitirá resolver felizmente el problema y te marcará la conducta a seguir.**

El I Ching es un oráculo, con 46 siglos de antigüedad, basado en la combinación del Yang (línea entera, principio masculino) y el Yin (línea partida, principio femenino). El lanzamiento de tres monedas iguales seis veces da lugar a una serie de hexagramas, 64 en total, cada uno con una definición muy clara que es la que marca la respuesta y la que te indica el camino apropiado.

**Cómo se consulta**

Consultar el I Ching es muy sencillo, tan solo necesitas tres monedas iguales. Puedes utilizar las de uso corriente y dar un valor de 2 a la cara y de 3 a la cruz, o a la inversa. Las lanzas al aire y sumas el valor que resulte según la cara que ofrecen al caer. Las monedas se lanzan seis veces y en cada tirada hay que sumar los valores obtenidos. Los números pares señalan líneas partidas y los números impares, líneas completas. Las líneas se van colocando de abajo a arriba. Una vez lograda la figura, se busca en la tabla de hexagramas y se interpreta en función de lo que se ha consultado. Nunca deben hacerse más de tres consultas seguidas.

**Qué preguntar**

Al I Ching se le puede consultar todo lo que nos interese o preocupe: asuntos materiales o sentimentales, de salud, etc. Antes de hacer la consulta, conviene concentrarse bien en lo que queremos saber y lanzar las monedas teniendo en la mente la pregunta que estamos haciendo.

Texto adaptado de la revista *Clara*

| | | | |
|---|---|---|---|
| 1 | Lanzamiento | a | Añadir |
| 2 | Hexagrama | b | Seis gráficos |
| 3 | Cara | c | 1, 3, 5... |
| 4 | Cruz | d | 2, 4, 6... |
| 5 | Sumar | e | Anverso de la moneda |
| 6 | Par | f | Tirar/echar al aire |
| 7 | Impar | g | Reverso de la moneda |

**3.3.1.** Y ahora, contesta a las preguntas siguientes:

**3.3.2.** **Ahora que ya conoces todos los secretos del I Ching, puedes hacerle tres preguntas y construir el hexagrama; después, busca el símbolo en la tabla de hexagramas que te dará el profesor y la respuesta en las claves.**

**3.4.** **Elige una opción A o B y busca compañeros de tu misma opinión. Después, defended vuestra postura frente al resto de la clase.**

**OPCIÓN A**

El destino de las personas está escrito en las estrellas. Existe gente con una sensibilidad especial que puede ayudarnos a ver nuestro futuro.

**OPCIÓN B**

El futuro no se puede predecir ni entrever de ninguna manera; cualquier ciencia esotérica es un medio más para sacar dinero y consolar a los ingenuos. Y todo fenómeno paranormal es producto de nuestra imaginación y de nuestros miedos.

## AUTOEVALUACIÓN

**1. ¿Qué palabras conoces?**

- ☐ Burro
- ☐ Boca
- ☐ Razono
- ☐ Motas
- ☐ Cachava

**2. A este texto se le han caído precisamente esas palabras, ¿puedes colocarlas?**

Ahora soy un actor ...................., burrísimo: no sé nada, no ...................., se me va la fuerza por la .................... Que sí, que me veo de viejo como una tortuga, verde, a rayas, de colores, con muchas ...................., o sea, una tortuga rara jugando la partida, o lo que sea, con otras tortugas abuelas, con una botellita de rioja cerca, la .................... y la boina, y por las noches, eso sí, un buen librito y a la cama.

Texto adaptado de *El País. Cómo quiero ser a los 70*

Para entender un texto, no es necesario conocer todas las palabras. El contexto siempre puede ayudarte a tomar decisiones.

**3. Escribe las expresiones que recuerdes relacionadas con *cuando*.**

# Unidad 10

*Calle Preciados. Madrid. España*

## Funciones comunicativas

- Explicar el motivo o la causa de una acción
- Explicar la verdadera causa de algo negando otra explicación
- Justificar una opinión negando otra anterior
- Dar explicaciones o disculparse por algo
- Expresar fastidio
- Expresar resignación y conformidad
- Lamentarse de algo
- Tranquilizar y consolar a alguien

## Contenidos gramaticales

- Conjunciones causales: *porque, a causa de (que), debido a (que), ya que, dado que, puesto que, como, por, no porque..., sino porque, no es que..., sino que...*

## Contenidos léxicos

- Manías y costumbres
- Mensaje, telegrama, correo electrónico, carta informal y nota

## Contenidos culturales

- *Lituma en los Andes* de Mario Vargas Llosa
- El mundo laboral en España

# 1 Cárgate de razón

**1.1.** Lee las explicaciones a las siguientes preguntas.

### ¿Por qué cuando alguien estornuda decimos "Jesús"?

***Porque*** *durante la epidemia de peste que azotó Roma en el año 591, algunos senadores y muchos ciudadanos afectados morían estornudando. Esto dio origen a la expresión "¡Dios te bendiga"!, y así, cuando se oía estornudar a alguien, se pedía protección a Dios. La expresión fue derivando a la más breve de "Jesús".*

### ¿Por qué los cirujanos visten de verde?

***Porque*** *en 1941 un médico anónimo descubrió que el color verde espinaca no era angustioso ni repulsivo para el paciente como sucedía con el blanco. Actualmente, y debido a la iluminación de las salas de operaciones, se emplea un color azul con un gran contenido de gris.*

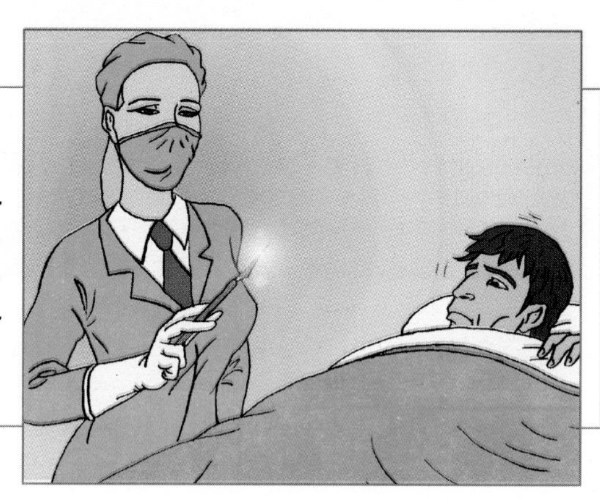

### ¿Por qué existen volcanes que continúan activos?

***Como*** *un volcán puede ser activo durante más de 200 000 años, los geólogos estiman que hay unos 1300 volcanes que todavía no están apagados, ya que no ha transcurrido tiempo suficiente para su extinción.*

### ¿Por qué el teclado de las máquinas de escribir tiene ese orden concreto?

***Dado que*** *al principio las teclas se atascaban con facilidad, especialmente al teclear deprisa, la solución a este problema fue separar las letras de más uso.*

**1.1.1.** BLA **Ahora, inventa respuestas a los siguientes *porqués*. Luego, el profesor os dará la solución.**

¿Por qué los toreros llevan coleta?

¿Por qué el botijo enfría el agua?

¿Por qué los piratas llevaban pendiente?

¿Por qué la cebolla nos hace llorar?

¿Por qué los huracanes tienen nombre de mujer?

## Causales

- ***Por* + infinitivo/sustantivo/adjetivo**

  *Ha aprobado **por** estudiar a diario el examen.*
  *Ha aprobado **por** su esfuerzo.*
  *Ha aprobado **por** trabajador, constante en el estudio y disciplinado.*

- ***Porque, debido a (que), a causa de (que), ya que, dado que, puesto que, como* + indicativo**

  *Te lo ha dicho **porque** quiere ayudarte.*
  ***Ya que** has venido, ayúdanos con el ordenador, por favor.*
  ***Dado que** no han decidido nada, aplazaremos la reunión.*
  ***Puesto que** lo sabes, debes tomar una decisión.*
  ***Como** no nos dijiste cuál era tu problema laboral, no hemos podido hacer nada.*

  *Ya que, dado que* y *puesto que* presuponen que la causa que introducen es conocida por el interlocutor (a diferencia de *porque*).

- ***Porque* + indicativo, + *no porque* + subjuntivo.** En estas frases, ***porque*** explica el verdadero motivo de una acción, mientras que el ***no porque*** desecha otra posible interpretación o justificación de la acción.

  *Voy a esa reunión **porque** me obligan, **no porque** me apetezca.*

Recuerda, ***como*** siempre va al principio de la frase:

***Como** has llegado tarde a clase, no lo has visto.*

**1.2.** **Relaciona las dos columnas y escribe, después, frases utilizando una causal. Puede haber varias soluciones.**

1. ______ no ha cambiado de actitud,
2. No ha traído el informe
3. La entrevista se canceló
4. Está de baja
5. ______ no duerme lo suficiente,
6. Estoy cansado
7. ______ lo conoces,
8. ______ el comercial no ha conseguido la firma del contrato,
9. ______ su trabajo ha sido muy bueno,
10. Te han ascendido

a. ______ se ha olvidado de que la reunión era hoy.
b. ______ eres el mejor.
c. habla tú con ese cliente de toda la vida.
d. Don Manuel está muy enfadado.
e. ______ hago demasiadas horas extras.
f. ______ ha tenido un niño.
g. no rinde bien en el trabajo.
h. hemos decidido renovarle el contrato.
i. ______ un problema urgente.
j. lo han despedido.

**1.3.** Escucha los siguientes enigmas. ¿Puedes resolverlos?

[25]

**1.4.** **Imagina la siguiente situación: te has quedado en la calle después de trabajar durante más de 15 años en una empresa multinacional. Aquí tienes una serie de causas de despido. Léelas.**

- Reajustar la plantilla con un equipo más joven y dinámico.
- Haber una fusión de empresas y desaparecer mi puesto.
- No ser intuitivo, discreto, honesto, curioso y eficaz en el trabajo.
- Ser impuntual o por absentismo laboral.
- Falta de productividad.
- No querer evolucionar o reciclarse.
- Caerle mal al nuevo jefe de departamento y no entenderse.
- No estar motivado.
- Otras...

**Ahora, escribe en cada tarjeta lo que vas a explicarles a diferentes personas sobre las causas de tu despido. Aquí tienes una lista de posibles personas: tu pareja, tu mejor amigo, un conocido, un compañero de trabajo cualquiera, tu psiquiatra, el nuevo jefe de personal de otra empresa...**

(A mi pareja)
Me he quedado sin trabajo porque han reajustado la plantilla con un equipo más joven y dinámico

(A mi ........................)
Me he quedado sin empleo. Déjame explicarte, ..
..........................................................
..........................................................
..........................................................

(A ........................)
Me he quedado sin trabajo. Verás, ............
..........................................................
..........................................................

(A ........................)
Me he quedado sin empleo. Pues, como ............
..........................................................
..........................................................
..........................................................

(A ........................)
He dejado de trabajar en mi empresa. Mis razones son las siguientes ..............................
..........................................................
..........................................................

CONTINÚA

(A .........................)
Estoy en el paro. Es así, ..............................
..................................................
..................................................

(A .........................)
Me he marchado de mi trabajo. Pues, la verdad, me ha parecido que ....................................
..................................................
..................................................

(A .........................)
Me han echado. Fue así debido a (que) ...........
..................................................
..................................................

(A .........................)
Me han despedido. A decir verdad, lo han hecho porque ..................................................
.......................................... no porque
..................................................

**1.4.1.** **Ahora, simula un diálogo con alguna de esas personas en el que les explicas el porqué de tu despido. Tu compañero reaccionará ante tu explicación utilizando alguna de las expresiones que te damos a continuación. Después, intercambiáis los papeles.**

**EXPRESAR FASTIDIO**

- ¡Qué agobio!
- ¡Qué rollo!
- ¡Qué lata! / ¡Vaya una lata!
- ¡Qué pesadez!
- Me molesta que (...)
- Me fastidia que (...)
- ¡Jo! ¡Qué palo!

**LAMENTARSE DE ALGO**

- ¡Dios mío!
- ¡Qué pena!
- ¡Ay! Lo siento
- ¡Qué desgracia!
- ¡Vaya!
- Siento que (...)
- ¡Cuánto lo siento!

**EXPRESAR RESIGNACIÓN Y CONFORMIDAD**

- ¡Paciencia!
- ¡Qué le vamos a hacer!
- Ya nos arreglaremos
- Se veía venir, era solo cuestión de tiempo

**TRANQUILIZAR O CONSOLAR A ALGUIEN**

- ¡Calma, calma!
- ¡Tómatelo con calma!
- Ya verás como todo se arregla
- Ya verás como encuentras una solución
- Con el tiempo te alegrarás
- No pierdas las esperanzas de (...)

**1.5.** **Cada uno de vosotros tiene una parte de cuatro diálogos. Habla con tu compañero para completarlos.**

**Ejemplo:**

**Alumno A:** *Hasta luego, Sergio. Nos vamos al despacho del jefe de ventas.*

**Alumno B:** *Oye, pues ya que vais, ¿os importa decirle que iré a verle mañana a las 9?*

alumno a

1. ☐ Nos vemos, Luis. Me voy a entrevistar a los candidatos para el puesto de administrativo.
2. ☐ Sí, es cierto, y me parece que, **dado que** ya son las 11 de la noche, lo mejor es que dejemos el proyecto por hoy y nos marchemos a casa.
3. ☐ ¡Ahora mismo! Tus deseos son órdenes para mí.
4. ☐ **Como** estamos más tranquilos, ¿por qué no aprovechamos para terminar el informe?

CONTINÚA

1. [ ] ¡Cómo se nota que casi toda la plantilla está de puente estos días!
2. [ ] **Ya que** vas, no olvides hablarles de los horarios flexibles de la empresa.
3. [ ] Oye, **puesto que** estás usando ahora el ordenador, ¿te importa imprimir el documento 1?
4. [ ] Estoy agotado/a. Ya no puedo más.

*alumno b*

# 2 **Mejor solo** que mal acompañado

### 2.1. Relaciona las palabras y expresiones con su definición.

| | | | |
|---|---|---|---|
| 1 | Urbe | a | limitada |
| 2 | Sincronizar | b | ser indiferente |
| 3 | A todo correr | c | muy rápidamente |
| 4 | Enano | d | lleno |
| 5 | Acotada | e | ciudad |
| 6 | Tipo | f | despectivamente, persona, chico, hombre |
| 7 | Salir pitando | g | molestar a alguien |
| 8 | Molar | h | salir muy rápido |
| 9 | Infestado | i | diminuto, muy pequeño |
| 10 | Meter el clavo a alguien | j | salir de noche para divertirse |
| 11 | Regatear | k | pedir descuento al comprar un producto |
| 12 | Ligar | l | al lado de casa |
| 13 | Irse de marcha | ll | cobrar mucho dinero |
| 14 | Dar la lata | m | coloquialmente, gustar |
| 15 | A pie de calle | n | divertirse con alguien en sentido amoroso o sexual |
| 16 | Pasar de largo | ñ | hacer que coincidan en el tiempo dos o más cosas |

### 2.1.1. Antes de leer el texto intenta predecir su contenido contestando SÍ o NO.

| Antes de leer | | | Después de leer |
|---|---|---|---|
| SÍ | NO | En el centro de las grandes ciudades españolas alrededor del 50% de los profesionales vive solo. | SÍ NO |
| SÍ | NO | En Madrid hay muchos niños. | SÍ NO |
| SÍ | NO | Los jóvenes profesionales madrileños se limpian la casa ellos mismos. | SÍ NO |
| SÍ | NO | Los jóvenes urbanitas van a trabajar en coche. | SÍ NO |
| SÍ | NO | En Madrid la gente del centro vuelve a su casa para comer. | SÍ NO |
| SÍ | NO | Los profesionales van al gimnasio a la hora de la comida. | SÍ NO |
| SÍ | NO | La mayoría de estos jóvenes profesionales tiene perro al que cuida bien y saca de paseo por el parque. | SÍ NO |
| SÍ | NO | Muchos de ellos compran en las tiendas que abren las 24 horas. | SÍ NO |
| SÍ | NO | Estos solteros conviven en el mismo barrio con gente de diferentes nacionalidades. | SÍ NO |
| SÍ | NO | A estos profesionales les gusta salir de tapas y cañas por su barrio con sus amigos. | SÍ NO |

2.1.2. Lee el texto.

# Manías y costumbres de un profesional treintañero, soltero y español

En las grandes urbes españolas casi el 50% de los habitantes del centro de la ciudad vive solo. Son solteros y solteras urbanitas y profesionales.

Entre las 7.45 y las 8 de la mañana podrían sincronizarse los despertadores entre los vecinos **porque** más o menos todos estos profesionales se levantan a la misma hora. Su apartamento mide unos 50 metros cuadrados, está decorado en *Ikea* y se encuentra en el centro de Madrid. Paga alrededor de 500 euros, casi la mitad de un sueldo normal. Después del desayuno a todo correr, baja al perro a un parque enano situado en una plaza pequeña en la que existe una zona acotada para niños **debido a que** en Madrid hay más perros que niños. Le deja al perro su comida, su agua y a la asistenta un *post-it* con algunas instrucciones ("que dé de comer a la perra, que riegue las plantas"). A la asistenta apenas la conoce. **Como** llega cuando él o ella ya se ha ido, se tienen que comunicar por mensajes.

Luego se va a trabajar en metro. Ni pensar en el coche **a causa de** los atascos. Al principio, intentó leer el periódico en el metro, pero no había manera de pasar las páginas y solo podía leer la primera y la última. Después, se pasó a las novelas clásicas, pero pesaban mucho para leerlas de pie. Ahora lee libros de menos de 100 páginas o la primera y última página del tipo que se pone al lado.

Trabaja en una oficina de 9.30 a 15.00 y de 16.30 a 19.00. Normalmente come en un bar o en la misma oficina, en la sala de reuniones, **dado que** siempre está vacía, con otros compañeros. Durante un tiempo intentó ir a un gimnasio a esa hora: se tomaba un bocadillo y salía pitando, pero corría tanto para llegar puntual que luego estaba agotado para subir o bajar pesas.

A las 7 de la tarde sale de trabajar y ese es el mejor momento del día. Vuelve en metro a casa y le mola llegar a su barrio y comprobar que el 20% de los coches que circulan a cualquier hora por el centro de Madrid da vueltas buscando un sitio para aparcar. Entra en su casa, que está limpia, ordenada y agradable, y lee el *correo post-it* de la asistenta ("hay que comprar *mistol*, amoniaco, la fregona que no compró la semana pasada, haga el favor, y limpiacristales").

Y se enfada consigo mismo **por** no tener nada para cenar y se da cuenta de que la tienda de abajo está ya cerrada. Entonces vuelve a pasear al perro por el miniparque, ahora infestado de perros de todas las razas: grandes, pequeños, cazadores, pastores, guardianes, enanos, ladradores y mudos. El parquecillo es una radiografía de la pirámide de población del barrio: españoles, marroquíes, orientales, viejos, jóvenes, parejitas, padres con niños... Después del parque, se va a la tienda de un chino que no cierra jamás. Le meten el clavo, pero quién puede regatear a esas horas.

Y, por fin, llega el fin de semana, y fuera de casa está la vida: los cines en versión original, los restaurantes de moda, las zonas de copas, la posibilidad de ligar con alguien (je, je). Y se va de marcha, claro, y sabe que dará la lata a uno que intente dormir dos calles más arriba. El sábado por la mañana sale del portal y se encuentra el mercado; a pie de calle. Luego, el aperitivo con amigos en el bar del barrio es un rito. El domingo, a eso de las 12.30, escucha involuntariamente la música del vecino, que tampoco está tan mal, y después se va a comer a casa de sus padres o a la sierra.

El domingo por la noche pondrá el despertador y sabrá que el vecino hará lo mismo **porque**, a su manera, no está tan solo.

(Texto adaptado de *El País Semanal*)

2.1.3. Ahora, comenta con tu compañero cómo son los jóvenes profesionales o estudiantes de tu país.

- Tipo de profesión y empleo
- Tipo de alojamiento y decoración de sus casas
- Horarios (trabajo, comidas...)
- Ocio y tiempo libre (aficiones, vida social...)
- Animales de compañía
- Música favorita
- Vacaciones favoritas

# 3 ¡Porque yo lo valgo!

**3.1.** **Sois familiares de la famosa actriz española Carmina Luz, que recientemente ha triunfado en la meca del cine, o sea, Hollywood. Vais a desmentir, por escrito, con vuestras opiniones las informaciones falsas que a veces dan los "paparazzi".**

**Ejemplo:**

Los paparazzi: *Es muy ambiciosa.*

Un familiar: ***No es que** sea muy ambiciosa, **sino que** es muy trabajadora.*

- **Cuando quieras negar algo *para dar una opinión nueva o explicar algo* con más detalle, usa:**
  *No. Ese colega **no es que** sea exigente, **sino que** es perfeccionista.*
- **Cuando quieras negar algo *para dar una justificación nueva,* puedes usar:**
  *No, gracias. **No porque** no me apetezca, **sino porque** tengo que trabajar.*

**Los paparazzi opinan:**

A ES MUY AMBICIOSA.

B ACTUALMENTE, NINGÚN DIRECTOR LA ESTÁ LLAMANDO PARA PROTAGONIZAR NINGUNA PELÍCULA.

C ES MUY PEREZOSA.

D COMO HA ACUDIDO AL GINECÓLOGO, ESTÁ EMBARAZADA.

E TIENE LOS MEJORES PROFESORES DE LA ESCUELA DRAMÁTICA PARA PREPARAR BIEN SUS PAPELES.

F SE HA CASADO CON SU NOVIO.

G NO ES BUENA ACTRIZ E INSULTA A LOS PERIODISTAS.

**la familia desmiente:**

1. Es muy trabajadora.
2. Está descansando de tanto promocionar películas.
3. Es muy tranquila y serena.
4. Ha ido al ginecólogo para hacerse una revisión rutinaria.
5. Interpreta muy bien sus papeles y es una actriz muy natural.
6. Está viviendo con su novio.
7. Es muy envidiada por sus éxitos.

1. ..........
2. ..........
3. ..........
4. ..........
5. ..........
6. ..........
7. ..........

**3.1.1.** Ahora, escucha y comprueba si las aclaraciones de la madre de Carmina Luz [26] coinciden con las que habéis escrito. Anota las diferencias.

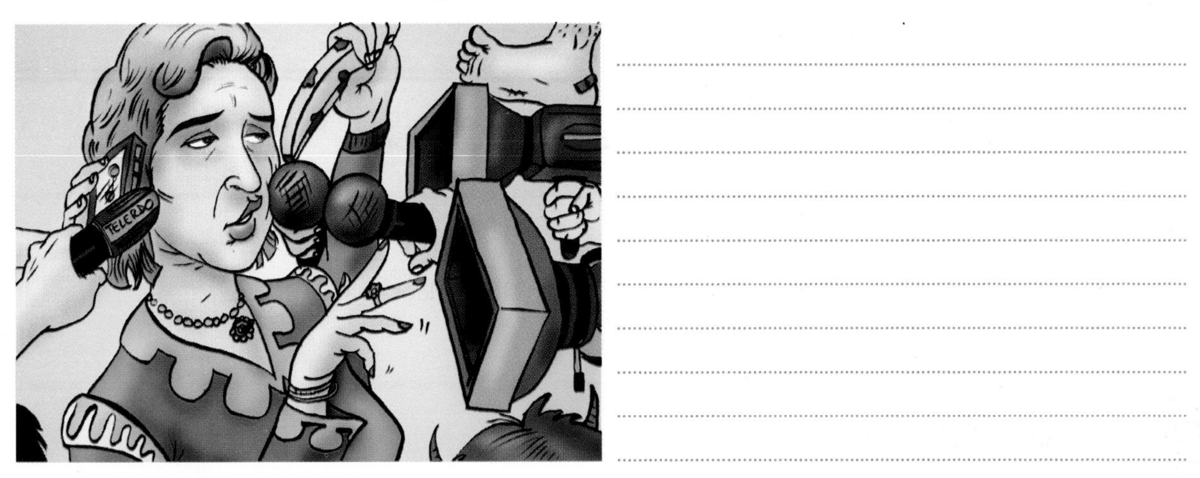


..................................................

..................................................

..................................................

..................................................

..................................................

..................................................

..................................................

..................................................

..................................................

..................................................

**3.2.** Antes de realizar la actividad, busca palabras o expresiones sinónimas a las siguientes definiciones.

| | |
|---|---|
| | 1. Crear una empresa |
| | 2. Empresa que instala y arregla las conducciones de agua en una casa |
| | 3. Ganar mucho dinero |
| | 4. Considerar como festivo el día intermedio entre dos que lo son realmente |
| | 5. Incrementar el salario |

**3.2.1.** Tu compañero te va a hacer algunas proposiciones. Recházalas justificándote.

**Ejemplo:**

**Alumno A:** *¿Por qué no vienes con nosotros a Barcelona?*

**Alumno B:** *No, gracias. No porque no **pueda**, sino porque ya he estado. Estuve el mes pasado y me encantó.*

### alumno a

1. ¿Por qué no te matriculas en ese centro privado?
2. Anda, ayúdame a resolver este problema de matemáticas.
3. ¿Y si vas a la biblioteca a estudiar?
4. Yo que tú enviaría el currículum vítae a esa multinacional.
5. ¿Por qué no montas una empresa de fontanería? Seguro que te forras.

### alumno b

1. ¿Por qué no haces un curso de informática?
2. Yo que tú pediría un aumento de sueldo.
3. ¿Qué tal si hablamos con la directora de recursos humanos?
4. ¿Me ayudas a traducir este párrafo?
5. ¿Vamos a hacer puente este año en diciembre?

# 4 ¡Cuánto lo siento!

**4.1.** Relaciona cada texto con el tipo de comunicación.

| | |
|---|---|
| A. La nota (post-it) .......... ☐ | D. El correo electrónico .......... ☐ |
| B. El mensaje recogido de una llamada ☐ | E. El telegrama .......... ☐ |
| C. La carta informal .......... ☐ | |

1.

Ha llamado el señor Leibar, de construcciones Larhogar, para disculparse por no poder asistir a la cita que mañana tenían a las 10.

2.

CORREOS Y TELÉGRAFOS

TELEGRAMA

2327

ZGCZ BVM307 B21316 93131 RMD915 GRU8889
ESMD CO IVVS 34

UNA GRAVE INDISPOSICIÓN IMPOSIBILITA MI ASISTENCIA A LA TOMA DE POSESIÓN DE TU NUEVO CARGO. MIS MÁS SINCERAS DISCULPAS. UN ABRAZO.
ESPERANZA LAORDEN. DIRECTORA GENERAL DE AGUACANALS

3.

PACO, PERDONA.
SIENTO MUCHÍSIMO NO PODER ENTREGARTE HOY TAMPOCO EL RESUMEN DE CONTABILIDAD QUE ME PEDISTE LA SEMANA PASADA.

ES QUE A PRIMERA HORA ME HAN PEDIDO QUE SUSTITUYA A ISABEL EN LA FERIA LANGBLAPARLA. LO SIENTO MUCHÍSIMO, DE VERDAD. NO HA SIDO CULPA MÍA.

MAÑANA SIN FALTA TE LO ENTREGO.

LAURA

4.

Madrid, 20 de enero de 2003

¡Hola, Guillermo!

¿Qué tal ? Espero que todo te esté yendo muy bien en tu nuevo "curro" en Castellón. Ya me he enterado de que el otro día viniste a Madrid y quedaste con todos. Siento no haber podido salir con vosotros, pero es que fui a la fiesta de cumpleaños de Miguel. Como me había invitado con bastante antelación, me daba un poco de corte decirle que no podía ir.

¡Ah!, ya de paso, quiero pedirte también disculpas por no haberte escrito antes. Es que había perdido tu dirección. Por cierto, ¿no tendrás correo electrónico? Como a partir de ahora quiero estar más en contacto contigo, sería fabuloso que me mandaras la dirección y así podríamos escribirnos a menudo...

Bueno, ya no se me ocurre nada más que decir y tengo prisa porque voy a ir con Elena e Íñigo a comprar un ordenador nuevo. ¡Cuídate, chatín!

Un beso,

5.

De: rpellicer@j-online.mx
Para: sraolaya@mi-mail.com

Aquí le mando por fin la información de los nuevos precios de nuestros productos que solicitó el lunes pasado.

Le pido que me disculpe por no haber podido enviarla antes, pero debido a que últimamente he tenido numerosos problemas en mi cuenta de correo me ha resultado imposible hacerlo.

Atentamente,

Raúl Pellicer

**4.1.1.** Señala las diferentes partes de la carta que acabas de leer con las palabras del recuadro.

la firma · la fecha · el cuerpo de la carta · la despedida · el encabezamiento

**4.1.2.** ¿A qué parte de una carta corresponden estas frases?

1. ¡Hola, Pepe!
2. ¡Hasta pronto, chata! Un besito,
3. ¿Qué tal va todo? Espero que muy bien.
4. Bueno, da recuerdos a todo el mundo y hasta siempre. Besos,
5. Te escribo esta carta para...
6. Desde hace algún tiempo quería escribirte y hoy...
7. Muchos besos,
8. Un abrazo muy fuerte,
9. Te mando estas líneas por fin, porque hace tiempo que quería escribirte, pero...
10. Me estaba acordando de ti y por eso...
11. Querida amiga:
12. Como lo prometido es deuda, te escribo esta carta para contarte que...
13. Un beso,
14. Querido Miguel:

| El encabezamiento | El cuerpo de la carta | La despedida |
|---|---|---|
| | | |

**4.1.3.** Subraya las expresiones de disculpa y justificación que aparecen en la actividad 4.1.

Recuerda que para justificarnos usamos también la expresión coloquial de causa ***es que*** (= es porque).

**4.2.** [27] Escucha y marca en la columna de la izquierda en qué orden hablan las siguientes personas.

**4.2.1.** Vuelve a escuchar la grabación y escribe las excusas de estas seis personas.

| Orden | Persona | Excusa |
|---|---|---|
| | Un mensajero | |
| | Una paciente | |
| 1 | Un funcionario | |
| | Una asistenta | |
| | Un abogado | |
| | Una actriz | |

**4.3.** Elige una de estas situaciones y escribe un correo electrónico disculpándote.

1. Ayer quedaste con un amigo para ir al cine y no pudiste ir porque saliste tarde de trabajar. Cuéntaselo.
2. Mañana tienes que entregar un informe, pero no vas a tener tiempo de terminarlo. Escribe a tu jefe.
3. Esta tarde pensabas ayudar a un colega, pero has recordado que tienes que ir al dentista. Escríbele explicándoselo.
4. Esta mañana habéis tenido un problema en la oficina y crees que has sido un poco desagradable con un compañero que, además, te gusta. Intenta solucionarlo.

# 5 ¡Porque lo **digo** yo!

**5.1.** **Ha habido una catástrofe nuclear. Hay un avión para transportar únicamente a siete de los veinte supervivientes a una isla del océano Índico. Elegid a las personas que van a salvarse para construir una nueva sociedad en esta isla. A continuación, defenderéis vuestra lista ante todo el grupo. Tenéis que argumentar vuestra decisión y justificarla.**

LISTA DE SUPERVIVIENTES

Un juez de 50 años.
Una economista soltera de 25 años.
El jefe de una tribu africana, de 52 años.
La mujer embarazada del jefe de la tribu africana.
Un bailarín profesional de 30 años.
Un guerrero joven de una isla cercana a la que van.
Una ingeniera agrónoma de 35 años.
Un cura de 35 años.
Una cantante de ópera de 28 años.
Un chico macizo de calendario.
Una rubia explosiva de 26 años.
Una monja de 26 años.
Un hechicero de una tribu, de 37 años.
Un psiquiatra de 52 años.
Un adolescente superdotado.
Una profesora de historia de 27 años.
Un informático de 32 años.
Un biólogo especialista en la evolución de las especies, de 37 años.
Una pintora de 31 años.
Un banquero de 41 años.

**5.1.1.** **Finalmente, elaboraréis una lista definitiva entre todos.**

## AUTOEVALUACIÓN

1. **Echa un vistazo durante unos minutos a las oraciones causales de esta unidad. Después, escribe:**

   Las partículas de causa *más difíciles:* ..........
   Las partículas de causa *más cultas:* ..........
   Las partículas de causa *más coloquiales:* ..........
   Las partículas de causa *que van con subjuntivo:* ..........
   Las palabras nuevas: ..........
   Las expresiones idiomáticas que más fácilmente puedo recordar: ..........
   ..........

2. **Compara y comenta tus respuestas con las de tu compañero, ¿coincidís en algunas?**

3. **¿Qué rasgos culturales nuevos has aprendido en esta unidad sobre los españoles? ¿Son muy diferentes en tu país?**

4. **En esta unidad hemos visto diferentes tipos de textos informales. ¿Son muy diferentes a los que envías por el móvil? ¿Por qué? Fíjate en el código que te va a dar tu profesor para escribir mensajes desde un teléfono móvil en español.**

# Unidad 11

Balneario de Archena. Archena (Murcia). España

## Funciones comunicativas

- Expresar consecuencia y finalidad
- Presentar una reclamación por escrito (carta formal)
- Argumentar

## Contenidos gramaticales

- Conectores de la argumentación
- Consecuencia: *por eso, por lo tanto, así que, de ahí que, tan... que*
- Finalidad: *para que, a que, a fin de que*

## Contenidos léxicos

- Salud y estética

## Contenidos culturales

- El Balneario de Archena, Murcia

# 1 **Aunque** la mona **se vista** de seda...

**1.1.** **¿Sabes cómo continúa el refrán? Habla con tus compañeros. Si ninguno lo sabe, preguntad al profesor.**

**¿Qué crees que significa? ¿Estás de acuerdo o crees que no se puede generalizar?**

**1.2.** **¿Qué significan estas palabras? Con tu compañero, trata de relacionar las dos columnas.**

| | |
|---|---|
| 1 Tejido | a cirugía plástica de la nariz |
| 2 Extirpado | b médico especialista en dormir total o parcialmente a un paciente para realizar una intervención quirúrgica |
| 3 Tumor | c conjunto de células de estructura y función similar, por ejemplo la piel |
| 4 Rinoplastia | d dañado por la acción del fuego |
| 5 Quemado | e intervención para aumentar el tamaño del pecho de una mujer |
| 6 Implante mamario | f pliegue o surco que se forma en la piel, generalmente a consecuencia de la edad |
| 7 Anestesista | g grupo de células que se han reproducido por error, por enfermedad |
| 8 Arruga | h cortado, eliminado |

**1.2.1.** **Lee el siguiente texto:**

## CULTO AL CUERPO

Las muertes por cirugía estética nos obligan a hacer algunas reflexiones. Se ha dicho que existen unos 6000 centros "incontrolados" de operaciones. **En consecuencia**, es necesaria la revisión de titulaciones médicas e instalaciones **para que** los accidentes graves no se repitan.

En la facultad de Medicina española únicamente se puede estudiar la especialidad de cirugía plástica y con esta misma especialidad salen licenciados, **por un lado**, los médicos de cirugía plástica y reparadora y, **por otro**, los médicos de cirugía estética.

La cirugía plástica se centra en necesidades médicas como: reconstrucción de tejidos quemados, traumatismos, accidentes o pechos extirpados **por** un tumor. Su gasto lo cubre la Seguridad Social. **En cambio**, la cirugía estética, cuyo coste corre a cargo del paciente, se centra en rinoplastias, implantes mamarios, o liposucciones. Estos, desde luego, no son exactamente problemas de salud, **aunque** puedan tener gran importancia psicológica.

**Respecto a** esta última modalidad es donde se da lo que los cirujanos plásticos califican de "intrusismo" de otros "profesionales" sin la titulación adecuada, **por eso**, están sugiriendo que se incluya la denominación de "Estética" en la especialidad, acompañándola de una modificación de los estudios. **Además**, denuncian la falta de control existente, que permite que se abran "cliniquitas", **es decir**, centros de estética sin las debidas garantías sanitarias **debido a** falta de quirófanos, anestesistas, o salas de recuperación.

**En conclusión**, mantener nuestra imagen se está convirtiendo en una pesadilla por partida doble. No solo hay que correr neuróticamente tras esa "eterna juventud" escondiendo las arrugas que deja en nosotros el paso del tiempo, sino que, **encima**, en el intento, podemos dejar la vida.

(Texto adaptado del diario *EL PAÍS*)

**1.2.2.** **¿Es similar la situación en tu país? ¿Son muy frecuentes las operaciones de cirugía estética? ¿Crees que las clínicas que las realizan ofrecen garantías? ¿Cuál es tu opinión sobre estas intervenciones? ¿Te operarías tú?**

**1.2.3.** **¿Te has fijado en las palabras que están marcadas en negrita en el texto? ¿Sabes qué significan? Con tu compañero, completa los siguientes cuadros:**

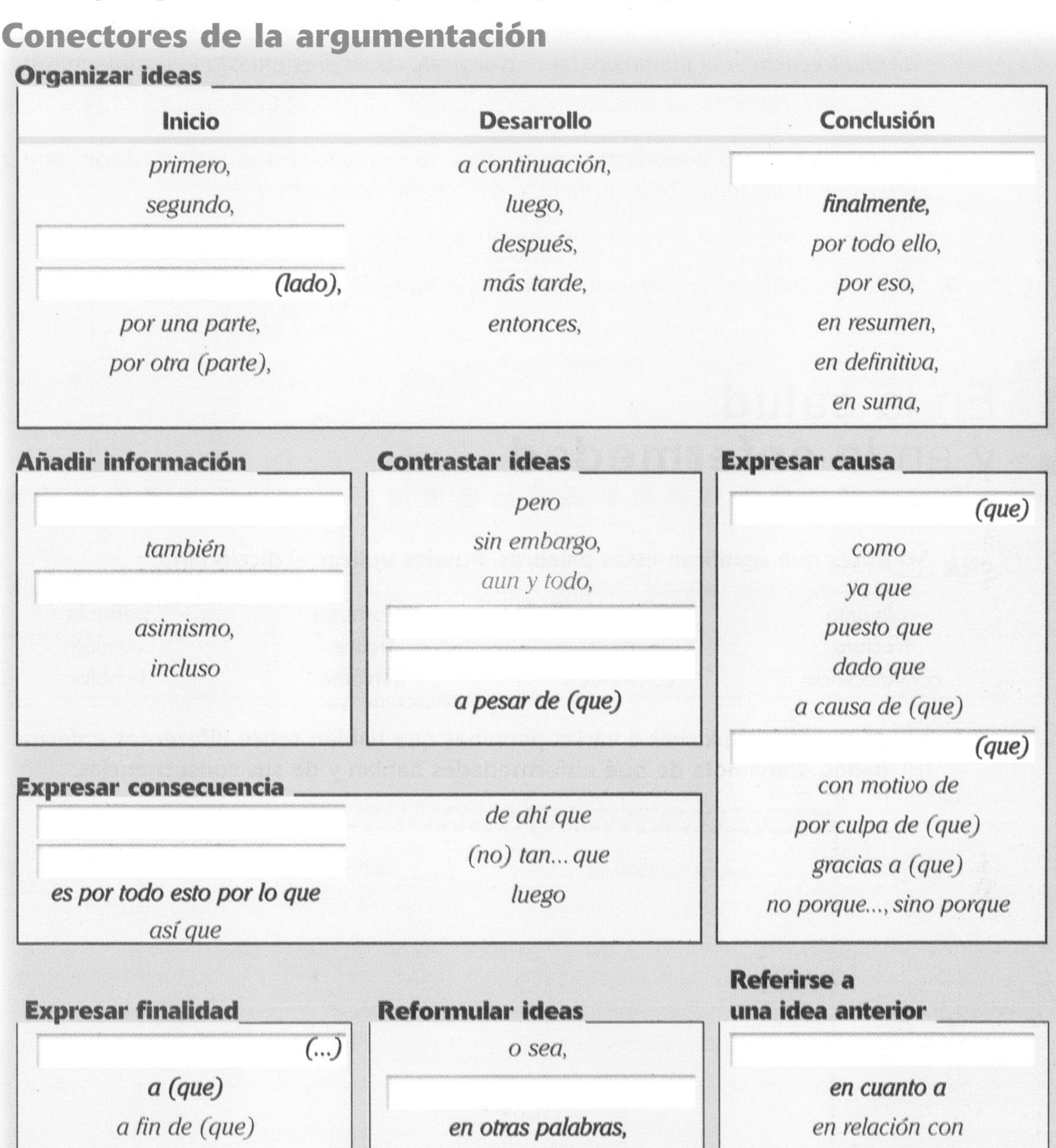

## Conectores de la argumentación

**Organizar ideas**

| Inicio | Desarrollo | Conclusión |
|---|---|---|
| *primero,* | *a continuación,* | |
| *segundo,* | *luego,* | ***finalmente,*** |
| | *después,* | *por todo ello,* |
| *(lado),* | *más tarde,* | *por eso,* |
| *por una parte,* | *entonces,* | *en resumen,* |
| *por otra (parte),* | | *en definitiva,* |
| | | *en suma,* |

**Añadir información**

- 
- *también*
- 
- *asimismo,*
- *incluso*

**Contrastar ideas**

- *pero*
- *sin embargo,*
- *aun y todo,*
- 
- 
- ***a pesar de (que)***

**Expresar causa**

- *(que)*
- *como*
- *ya que*
- *puesto que*
- *dado que*
- *a causa de (que)*
- *(que)*
- *con motivo de*
- *por culpa de (que)*
- *gracias a (que)*
- *no porque..., sino porque*

**Expresar consecuencia**

- 
- 
- ***es por todo esto por lo que***
- *así que*
- *de ahí que*
- *(no) tan... que*
- *luego*

**Expresar finalidad**

- *(...)*
- ***a (que)***
- *a fin de (que)*

**Reformular ideas**

- *o sea,*
- 
- ***en otras palabras,***
- *dicho de otro modo,*

**Referirse a una idea anterior**

- 
- ***en cuanto a***
- *en relación con*
- *referente a*

**1.2.4.** **Une y transforma las siguientes frases con alguno de los posibles conectores del discurso antes estudiado.**

**Ejemplo:** *Ese actor se da una crema facial hidratante. Tiene muchas arrugas.*
*Ese actor se da una crema hidratante* ***porque*** *tiene muchas arrugas.*
***A pesar de*** *darse una crema hidratante, ese actor tiene muchas arrugas.*

**1.** *Tengo bastante tos. Hoy voy a ir a trabajar.*

......................................................................................................

**CONTINÚA**

2. *La peluquera enjabona y aclara el pelo a la clienta. Pone una mascarilla.*

..............................................................................................................................

3. *Esa mujer va a ir a la ópera. Siempre se perfuma.*

..............................................................................................................................

4. *Los jóvenes de hoy en día están muy preocupados por su aspecto físico. Van con mucha frecuencia al gimnasio. La mayor parte de su presupuesto lo gastan en ropa.*

..............................................................................................................................

5. *En su carta me pide también consejo para el cuidado de las varices. Ahora voy a referirme a ese tema. Debe aplicarse una crema para las varices.*

..............................................................................................................................

6. *Mi suegra no tiene la piel tersa ni firme. Se ha hecho la cirugía estética.*

..............................................................................................................................

# 2 En la **salud** y en la **enfermedad**

**2.1.** **Busca qué significan estas palabras. Puedes utilizar el diccionario.**

| | | | |
|---|---|---|---|
| calmante | inyección | estornudo | botiquín |
| fractura | paperas | fiebre | camilla |
| convalecencia | constipado | derrame | temblor |

**2.1.1.** [28] **Ahora vas a escuchar a varias personas que hablan sobre diferentes enfermedades. Toma nota de qué enfermedades hablan y de sus consecuencias.**

| enfermedades | consecuencias |
|---|---|
| | |

**2.1.2.** **¿Qué conectores aparecen en las frases para introducir la consecuencia? La mayoría de ellos va acompañada de un verbo en indicativo, pero otros exigen el uso del subjuntivo. Clasifícalos.**

| conectores de consecuencia **con indicativo** | conectores de consecuencia **con subjuntivo** |
|---|---|
| | |

**2.2.** ¿Qué ha pasado? ¿Cuáles crees que han podido ser las consecuencias de estos accidentes? Relaciona los dibujos y explica las consecuencias.

**2.3.** **Mirad las siguientes imágenes e inventad una historia. Tenéis que hacer referencia a los hechos, las causas, las personas implicadas...**

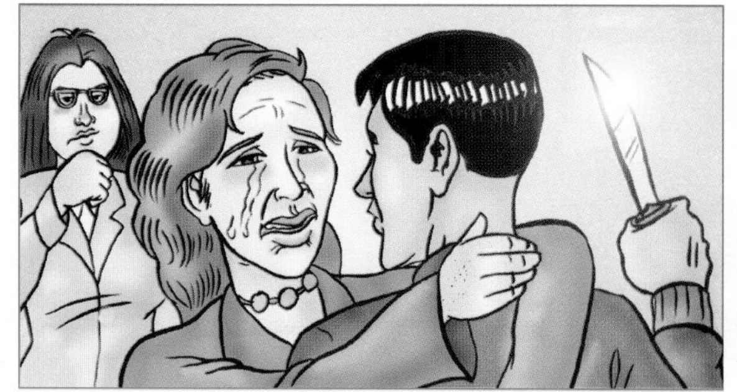

**2.3.1.** **Tras discutir sobre lo que pudo suceder, ahora imaginad que participáis en la celebración del juicio sobre el caso anterior. Cada uno de vosotros vais a representar a uno de los personajes. ¿Por qué no intentáis resolver este caso? El profesor os dará la información.**

La partícula *luego* + indicativo expresa la consecuencia lógica. Su uso, además de culto, es frecuente en el lenguaje filosófico y detectivesco.

**Ejemplo:** *Nuestra testigo dice que escuchó el ruido de la lavadora de madrugada, luego alguna prueba podría estar ocultando el sr. Ramírez.*

# 3 No hay mal **que por bien** no **venga**

**3.1.** [29] **¿Te acuerdas de Jorge? No ha podido ir a trabajar a causa del accidente con la olla a presión y está reponiéndose de las quemaduras en su casa. Esta tarde han ido a visitarlo varias personas. Escucha la conversación que han mantenido y toma nota de las personas que hablan. ¿Quiénes son? ¿Amigos? ¿Familiares? ¿Compañeros de trabajo?**

1. ______
2. ______
3. ______
4. ______
5. ______

**3.1.1.** [29] **Cuando visitamos a un enfermo, es muy frecuente llevarle algún regalo. Vuelve a escuchar la grabación e indica qué regalos ha recibido Jorge esta tarde.**

1. ______
2. ______
3. ______
4. ______
5. ______

**3.1.2.** **En la grabación que acabas de escuchar hay muchas frases que expresan finalidad. Si te fijas en ellas, podrás completar el siguiente cuadro.**

## Expresar finalidad

- Para + ............................
- Para que + ............................
- (Con verbos de ............................ como *ir, venir, volver, entrar, salir, subir* o *bajar*) a que + ............................

**3.2.** **¿Conoces muchos remedios caseros? Responde a las siguientes preguntas y lo comprobarás. Primero, tendrás que completar los verbos entre paréntesis utilizando la forma adecuada.**

1. Para *(evitar)* ........................ el acné lo más importante es:
   - ☐ a. evitar comer verduras
   - ☐ b. hacer ejercicio
   - ☐ c. lavarse la cara con un producto específico
2. ¿Qué utilizamos para que los bebés no *(tener)* ........................ la piel irritada?
   - ☐ a. polvos de talco
   - ☐ b. un analgésico
   - ☐ c. el termómetro
3. ¿Qué puedes hacer para que el cutis *(estar)* ........................ más hidratado y terso?
   - ☐ a. aplicarte rodajas de pepino
   - ☐ b. comer embutidos
   - ☐ c. aplicarte rodajas de limón
4. ¿Cuál de estos remedios sirve para *(aliviar)* ........................ el dolor de estómago?
   - ☐ a. zumo de naranja
   - ☐ b. la manzanilla
   - ☐ c. el vino dulce
5. Si consumimos algún alimento en malas condiciones, para *(provocar)* ........................ el vómito podemos tomar:
   - ☐ a. agua
   - ☐ b. café con sal
   - ☐ c. té con limón
6. Para que el pelo *(quedar)* ........................ brillante debemos:
   - ☐ a. lavarlo poco
   - ☐ b. lavarlo con champán
   - ☐ c. aclararlo con agua fría
7. ¿Qué podemos hacer para no *(toser)* ........................ por la noche?
   - ☐ a. cortar una cebolla por la mitad y colocar las dos partes a los lados de la cama
   - ☐ b. comer nueces
   - ☐ c. respirar por la boca
8. Para que un niño *(dormir)* ........................ bien debemos:
   - ☐ a. darle pescado para cenar
   - ☐ b. acostarlo todos los días a la misma hora
   - ☐ c. ponerle música en la habitación
9. ¿Cuál de estos alimentos sirve para *(acelerar)* ........................ el bronceado?
   - ☐ a. la alcachofa
   - ☐ b. el repollo
   - ☐ c. la zanahoria
10. ¿Qué podemos hacer para *(evitar)* ........................ el estrés?
    - ☐ a. practicar algún deporte
    - ☐ b. dormir poco
    - ☐ c. comer deprisa

**3.3.** **Imaginad que os encontráis en las siguientes situaciones. Decidid qué personaje queréis representar y preparad un diálogo dramatizando la situación.**

**Ejemplo:** *Póngase esta mascarilla **para que** su piel quede completamente limpia.*

| | alumno a | alumno b |
|---|---|---|
| Situación 1 | Eres el vendedor a domicilio de los productos de cosmética *Luxbella*. Para conseguir ventas debes explicar a tus clientes para qué sirven y cómo usar los siguientes productos de belleza: una crema hidratante, un maquillaje, una sombra, un rímel, una crema para las piernas, un tónico facial con su correspondiente leche limpiadora, una crema para el contorno de ojos, una barra de labios... | A tu casa llega el vendedor de los productos de cosmética *Luxbella*. Pregúntale para qué sirven y cómo debes usar esos productos de belleza. Si tú tienes algún problema de belleza específico, pídele consejos y remedios cosméticos. |
| Situación 2 | Estás atrapado en una cueva. Tu compañero te va a ayudar a salir. Por eso, pídele desde tu móvil que te baje por una cuerda todo lo que necesites para sobrevivir y poder salir de allí. | Eres amigo del alumno A. Los dos estabais en una cueva, pero tu amigo se ha quedado atrapado dentro de un pozo muy estrecho. Tú tienes, además, en una mochila herramientas, ropa y alimentos. Tienes que ayudarle a salir; por eso, vete enviándole por una cuerda todo lo que necesite y/o te pida para sobrevivir y poder salir. |
| Situación 3 | Estás en la tienda de disfraces y complementos *El rey de las fiestas*. Esta noche vas a ir a una fiesta de Carnaval. Pídele consejo al dependiente y pregúntale para qué sirven algunas de las telas, máscaras, disfraces y pinturas que se venden. | Eres un dependiente que trabaja en la tienda de disfraces y complementos *El rey de las fiestas*. Aconseja a tu cliente el disfraz que mejor puede sentarle y explícale cómo debe usar y para qué sirven algunas de las telas, máscaras, disfraces y pinturas que se venden. |

# 4 **Toma** cartas en el asunto

**4.1.** **Completa la carta de la página siguiente con alguno de los conectores del recuadro.**

En cuanto a • además • por eso • A pesar de que • por un lado
a que • Sin embargo • Por todo ello • para que • debido a • por último
puesto que • porque • Como • por otro • En otras palabras

Centro de estética *La impecable*
Avenida de América, 35, 1.º
28002 MADRID

Jimena Cardona
C/ Jorge Juan, 54, 2.º dcha.
28001 MADRID

Madrid, 5 de marzo de 2003

Muy señores míos:

Me dirijo a ustedes con la intención de presentarles por escrito la reclamación que ya he hecho constar personalmente en su centro, reclamación que, .......................... (1), tengo la intención de remitir a la oficina del consumidor.

El pasado día 20 de febrero acudí a su clínica .......................... (2) me realizaran una simple depilación, y digo simple .......................... (3) supongo que se trata de una labor que realizan ustedes prácticamente a diario. Mi primera sorpresa fue el trato que recibí de la señorita que me atendió en recepción. Más que atendiéndome como clienta, parecía que estaba haciéndome un favor. Cuando entré estaba leyendo una revista y, lógicamente, le supuso un gran esfuerzo abandonar la lectura para atender mis "estúpidas" necesidades. .......................... (4), no cumplió con su trabajo como debía. .......................... (5) ya estoy acostumbrada a que a veces el cliente nunca tiene la razón y .......................... (6) decidí no darle demasiada importancia al incidente.

.......................... (7) la depilación propiamente dicha, creo que como mujer que lleva treinta años depilándose estoy en condiciones de decirles que jamás en la vida había visto un trabajo peor hecho. .......................... (8) el jueves 21 de febrero tenía previsto un viaje a la playa, en cuanto llegué a mi casa y me vi las piernas tuve que buscar rápidamente la ayuda de otro centro .......................... (9) terminaran el trabajo que ustedes habían dejado a medio hacer. .......................... (10) se trataba de un centro con un prestigio mucho menor que el suyo, o tal vez .......................... (11) ello, me trataron como a la señora que soy y realizaron su trabajo a la perfección. De ustedes no puedo hacer ni un solo comentario positivo; .......................... (12), el estado del centro es deplorable, .......................... (13), el servicio que me prestaron no fue en absoluto satisfactorio y, .......................... (14), sus empleados me trataron mal (tal vez porque el sueldo que reciben guarda relación con el uniforme que llevan y no con la publicidad que ustedes hacen).

.......................... (15), creo que jamás en la vida volveré a visitarles .......................... (16) sus servicios no reúnen las condiciones mínimas que pueden exigirse a un centro de estas características. Si no quieren terminar en la cárcel, deben empezar por invertir los beneficios que obtienen en mejorar la calidad del mobiliario, del personal y del material indispensable. Los clientes no nos callaremos hasta que su centro ofrezca lo que prometen en sus anuncios.

Atentamente,

Fdo. Jimena Cardona

**4.1.1.** Ahora, imagina que trabajas en el departamento de atención al cliente del centro de estética *La impecable*. Con tu compañero, escribe la carta con la que responderíais a esta señora. ¿Vais a intentar calmarla con una sesión gratuita? ¿Solo os disculparéis?... La decisión está en vuestras manos.**

**4.2.** **En la unidad anterior hemos visto algunas expresiones para saludar, para iniciar una carta y para despedirnos, de una manera informal. Si leéis con atención las siguientes listas, observaréis que aparecen mezcladas expresiones informales (I) y formales (F). Clasificadlas.**

### Saludo

- [I] ¿Cómo estás?
- [ ] Estimado señor,
- [ ] Apreciado .............,
- [ ] ¡Hola!
- [ ] Muy señor mío,
- [ ] Querida .............,
- [ ] Muy señores míos,
- [ ] Distinguido señor,
- [ ] ¿Qué tal?
- [ ] Estimado amigo,

### Inicio del cuerpo

- [ ] En relación con...
- [ ] Te escribo porque...
- [ ] Me he acordado de ti y...
- [ ] Por la presente me dirijo a...
- [ ] Me complace ponerme en contacto con...
- [ ] Les escribo para comunicarles...
- [ ] Me dirijo a...
- [ ] Siento mucho no haberte escrito antes, pero...

### Despedida

- [ ] Con cariño,
- [ ] Saludos a .............,
- [ ] Atentamente,
- [ ] Un atento saludo,
- [ ] Reciban un cordial saludo,
- [ ] Besos,
- [ ] En espera de sus noticias, reciba un cordial saludo,
- [ ] Dándole las gracias de antemano, y en espera de su respuesta, le saluda atentamente,
- [ ] Un beso,
- [ ] Atentamente le saluda,
- [ ] Se despide atentamente,
- [ ] Expresándole mi agradecimiento por anticipado, le saluda atentamente,
- [ ] Sin otro particular, se despide atentamente,
- [ ] Un abrazo,

# 5 Lo hago **por** y **para** ti

**5.1.** **Lee estas frases:**

1. El paciente está obeso ***por*** comer demasiadas grasas.
2. El paciente come poco ***para*** estar delgado.

**¿Qué oración expresa finalidad? ¿Y causa?**

**5.1.1.** **Lee las siguientes frases con atención. Relaciona cada una con su uso correspondiente y complétalas.**

| *POR* | | *PARA* |
|---|---|---|
| Causa y motivo | Cambio | Finalidad o destino |
| Período de tiempo apróximado | Medio | Dirección |
| Lugar aproximado | Precio | Término de tiempo |

1. A ese neurólogo le han concedido una plaza fija de médico residente ______ realizar excelentemente su trabajo. ______
2. Creo que fue más o menos ______ marzo cuando me hice la última revisión. ______
3. El ambulatorio está ______ estas calles. ______
4. Han comprado un nuevo microscopio ______ 2200 euros. ______
5. El tratamiento tiene que estar terminado ______ la semana que viene. ______
6. No te preocupes. Si mañana no puedes trabajar en el turno de noche, iré yo ______ ti. ______
7. He ido a la farmacia a comprar supositorios ______ mi hermana. ______
8. En cuanto vimos el accidente, llamamos ______ teléfono al 112. ______
9. La ambulancia va ______ el hospital. ______
10. Como alimentos sin grasas ______ no tener colesterol. ______

**5.2.** BLA **Aquí tienes una foto del balneario de Archena (Murcia).**

- ¿Qué es un balneario?
- ¿Para qué sirve?
- ¿Por qué los médicos lo aconsejan?

*Balneario de Archena. Archena (Murcia). España*

**5.2.1.** BLA **Te proponemos que, a través de la información que te dará tu profesor, hagas un listado de razones y finalidades para pasar unos días en el balneario de Archena.**

| Causas | Finalidades |
|---|---|
| | |

# 6 Mójate

**6.1.** [30] **Escucha este fragmento del programa de radio *Esta tarde, Ana*. Tres especialistas hablan de sus servicios para mejorar el aspecto exterior de la gente. Responde a las preguntas.**

1. Describe los tipos de servicio de los centros donde trabajan Raquel, Roberto y Hugo.
2. ¿De qué está orgullosa Raquel?
3. ¿Por qué dice Roberto que no es bueno que sus clientes vuelvan a la clínica?
4. ¿Qué clientes le gustan más a Hugo?
5. Ana les explica a sus invitados que tienen que dejar de hablar para dar paso a la siguiente sección del programa. ¿De qué sección se trata?

**6.1.1.** 

[31] **Escucha y lee cuál es la propuesta para el debate y participa. Cada uno va a defender la opinión de uno de los personajes propuestos. Tu profesor te dará la información.**

*Aunque para Saint-Exupéry lo esencial es invisible a los ojos, las operaciones de cirugía estética van en aumento, y no solo en actrices y actores que se estiran habitualmente la piel, sino también en chicas de 16 a 18 años. Además, los errores de los cirujanos, que en algunos casos provocan incluso la muerte del paciente, nos empujan a algunas reflexiones:*

1. *¿Qué sentido tiene correr tras la "eterna juventud"?*
2. *Centros "incontrolados" de operaciones. ¿Es necesaria la revisión de instalaciones y titulaciones médicas para que los accidentes no se repitan?*
3. *El culto al cuerpo ha llegado a un nivel de exageración muy alto: para algunos, lo único importante es estar en forma. ¿Es preciso conseguir un "supercuerpo"?*
4. *¿Hay que seguir dietas complicadísimas para conseguir el "peso ideal"?*
5. *¿Tenemos que lucir un bronceado permanente?*

## AUTOEVALUACIÓN

1. **En esta unidad hemos hablado de salud, de accidentes, de cirugía estética, del culto al cuerpo... Escribe las palabras relacionadas con estos temas que hayas aprendido:**

   ..........................................................................................................

   ..........................................................................................................

   ..........................................................................................................

2. **Trata de recordar algunos de los conectores que hemos visto en la unidad.**

| | | | |
|---|---|---|---|
| | | | |
| | | | |

3. **También has aprendido algunos usos nuevos del subjuntivo. ¿Puedes explicar alguno?**

   ..........................................................................................................

   ..........................................................................................................

   ..........................................................................................................

4. **En la unidad anterior aprendiste algunas fórmulas fijas para los textos informales, y en esta has visto las expresiones que se utilizan en las cartas formales. ¿Las recuerdas?**

# Unidad 12

## Funciones comunicativas

- Expresar deseo
- Expresar extrañeza
- Expresar gratitud. Reaccionar ante el agradecimiento
- Ofrecer ayuda, un servicio o una idea
- Felicitar
- Pedir disculpas
- Rechazar una invitación o un ofrecimiento

## Contenidos gramaticales

- Pretérito perfecto de subjuntivo: morfología y uso
- *¿Querer* + *que* + subjuntivo?
- *¡Qué raro/me extraña/te agradezco* + *que* + presente/pretérito perfecto de subjuntivo!
- *Gracias por* + infinitivo simple/compuesto

## Contenidos léxicos

- Las compras

## Contenidos culturales

- Comercio justo
- La peonza
- Formas y fórmulas de cortesía

# 1 Bueno, bonito y barato

**1.1.** **En España se dice que la mejor compra es la que tiene las tres "bes". ¿Cómo explicas esta expresión? ¿Existe alguna parecida en tu lengua? María entra en una tienda en busca de algo con las tres "bes", pero... ¿qué le ocurre?**

**1.2.** **Con tu compañero, relaciona las frases con las palabras de los cuadros. ¡Ojo, hay varias posibilidades y además hay dos palabras que no se relacionan con ninguna frase! ¡Encuéntralas!**

Lléveselo ahora y no pague nada hasta dentro de tres meses

LLEVE TRES Y PAGUE DOS

FIN DE TEMPORADA
TODO A 6 EUROS

Ahora el 30% en todos los artículos

No se admiten tarjetas

AHORA SI LO PAGA DE UNA VEZ le regalamos un fin de semana en ROMA

En el mes de julio comienzan los PRECIOS INCREÍBLES en Galerías Rosas

Ahora puede tener el coche que soñó, en cómodas mensualidades

**FORMAS DE PAGO**

- A crédito
- Con tarjeta
- Con cheque
- En efectivo
- En metálico
- A plazos
- Al contado

**RELACIONADO CON LOS PRECIOS**

- Rebajas
- Liquidación
- Descuento
- Oferta

# ¡Qué raro!

**2.1.** [32] **Escucha este diálogo y después marca la opción correcta. ¿Quiénes son las personas que hablan?**

- a. Son dos amigas que están en unos grandes almacenes hablando de sus cosas y mirando productos de cosmética.
- b. Son dos compañeras de trabajo; parece que una es la jefa de la otra y están hablando de trabajo; yo diría que trabajan en unos grandes almacenes.
- c. Son una dependienta y una clienta que están hablando sobre perfumes, cosmética y ese tipo de cosas en unos grandes almacenes.

**¿Qué te ha hecho seleccionar una opción y no las otras?**

**2.2.** **Leticia y Mercedes trabajan en los grandes almacenes "El Corte Japonés", en la planta baja, que es la planta más variada en cuanto a departamentos. Mercedes coordina toda la planta, es decir, es la responsable de supervisar las secciones de perfumería y cosmética, papelería, marroquinería, etc. Leticia es la encargada de la sección de perfumería y cosmética. Con tu compañero, señala en el texto todos los verbos que están en subjuntivo.**

► Oye, Leticia, una cosita, ¿has llamado ya al distribuidor de Chonnel?

▷ Sí, esta mañana, le he pedido la leche corporal y el gel de baño. ¿Por qué? ¿Quieres que le vuelva a llamar?

► No, es que quiero que nos manden más muestras de su nuevo perfume que está siendo todo un éxito de ventas. ¡Anda!, ¡y la espuma de afeitar!

▷ También, también se la he pedido.

► ¡Ah!, estupendo, pues te agradezco que lo hayas hecho porque se me había olvidado por completo.

▷ ¡Oye!, ¡qué raro que no haya venido todavía el representante de L'Aureal cabello! Lo esperábamos hoy, ¿no?

► Pues sí, la verdad es que sí. Me parece rarísimo que no haya llamado para decir que no viene o que llega con retraso, porque es un señor muy serio y profesional. En cambio, el que proporciona la cosmética de L'Aureal es un impresentable; esta mañana quería hablar contigo y le he dicho que no estabas. Es que es pesadísimo y le encanta hablar por teléfono, oye.

▷ Mira, no sabes cuánto te agradezco que le hayas dicho eso porque, aparte de que no me gusta nada ese tipo, odio estar colgada al teléfono dos horas para oír tonterías, de verdad.

► Nada, mujer. ¿Quieres que te enseñe lo nuevo en tintes de pelo? Hay unas tonalidades muy originales.

▷ Sí, venga, ¡a ver...! ¡Huy! ¡Me extraña que no hayan puesto todavía los precios a estos productos!

► ¡Qué raro! Si ayer vi a Celeste que los estaba poniendo. ¿Quieres que lo hagamos ahora?

▷ Sí, vamos a hacerlo ahora porque quiero que esté todo preparado para el sábado.

**2.2.1.** Ahora, relaciona las frases que llevan subjuntivo con lo que quieren comunicar Mercedes y Leticia.

| comunican extrañeza | comunican agradecimiento | ofrecen ayuda, una idea, un servicio | comunican deseo |
|---|---|---|---|
| | | | |

**2.2.2.** BLA **Reflexionad y explicad con vuestras palabras por qué aparece en el diálogo el pretérito perfecto de subjuntivo.**

## Pretérito perfecto de subjuntivo

| | Presente de subjuntivo de haber | | Participio pasado |
|---|---|---|---|
| Yo | **haya** | | |
| Tú | **hayas** | | |
| Él/ella/usted | **haya** | + | **-ado** |
| Nosotros/as | **hayamos** | | **-ido** |
| Vosotros/as | **hayáis** | | |
| Ellos/ellas/ustedes | **hayan** | | |

- Este tiempo tiene los mismos valores que el pretérito perfecto de indicativo; cuando el verbo principal pide subjuntivo utilizaremos el pretérito perfecto de subjuntivo.

**Ejemplo:** ► *¿**Has llamado** al director?*
▷ *Sí, lo **he hecho** esta mañana.*
► *Ah, pues te agradezco que lo **hayas llamado**. Gracias de verdad.*

- Para expresar extrañeza puedes usar las siguientes estructuras:

**Qué raro/extraño**
**Me parece raro/extraño** } + **que** + subjuntivo
**Me extraña**

*¡**Me parece rarísimo que** no haya llamado!*

*¡**Qué raro que** no venga mañana a la fiesta!*

**2.3.** **Reacciona expresando extrañeza.**

**Ejemplo:** *Eva ha llegado tarde hoy a clase.* → *Me extraña que **haya llegado** tarde, siempre es muy puntual.*

1. Mi madre no me ha llamado.
2. Siempre dejo las llaves encima de la tele y no están, ¿las has visto?
3. Me acaba de llamar Pepe y me ha dicho que viene a vernos ahora.
4. ¿Sabes?, Tere y Gonzalo se han ido de vacaciones al desierto del Sahara.
5. He ido a ver a tu hermana, ¿sabes que le han regalado un gato?
6. Me he apuntado a un gimnasio y voy a ir todos los días.
7. Mañana he quedado con Carmen para ir de compras todo el día.
8. Llevo llamando a mi novio todo el día y siempre está comunicando.

**3.1.**  **¿Qué crees que quiere decir "comercio justo"? ¿A qué tipo de comercio se refiere? ¿De qué se ocupa la organización Intermón? ¿Conoces otras semejantes?**

**3.2.** **Lee el siguiente texto:**

# Una oportunidad de empleo comercializando productos de comercio justo

**El Taller de Lufa, en el valle de Manduriacos, en Ecuador, produce artículos para el baño: zapatillas, esponjas para la cara, cepillos y también algunos adornos. La elaboración se realiza con el fruto de la lufa, que tiene, en su interior, un aspecto similar al de la esponja.**

La lufa es un fruto similar a la calabaza, que se encuentra de forma salvaje en la selva amazónica. Tiene reconocidas propiedades para el cuidado de la piel y la activación de la circulación sanguínea. Ello ha impulsado a unas quinientas familias en el valle de Manduriacos a promover el cultivo y la producción de artículos confeccionados con lufa. "Cada agricultor cosecha unos 8000 frutos por hectárea –comenta Denis Laporta, cooperante en Manduriacos–. Una vez recolectados los frutos, los pone en remojo para poder eliminar la gruesa piel de la lufa. También se eliminan el gel y las numerosas semillas de la planta. Luego, coloca los frutos al sol".

Los campesinos de la zona han creado una pequeña empresa para tratar los frutos de lufa. Hasta allí transportan en mulas los frutos tratados. Antes de recoger la cosecha, ya se han puesto de acuerdo con la gerencia del taller, de la cual forma parte Denis. Asegura que es allí donde se "acuerda un precio de compra de la lufa que no varía en toda la temporada; se trata de un precio justo. Además, se controla el número de hectáreas producidas y se realiza una previsión de la cantidad de producto que necesitarán en función de la demanda".

En el taller se da forma a las esponjas y se les une otro tipo de materiales (algodón, hilo...) para confeccionar los diferentes productos.

Los beneficios que no se invierten en mejorar la producción del taller pasan a engrosar un fondo solidario al que pueden acogerse las doce comunidades del valle. "En los próximos meses, gracias a este fondo, se va a reconstruir un puente colgante sobre el río Guayllabamba que había caído", comenta Denis.

Prácticamente el 90% de la producción es para la exportación. "La mayor parte del producto se vende en Estados Unidos y Japón", afirma Denis. Desde INTERMÓN también hemos decidido apostar por esta empresa y por los que producen la lufa. "Además de comercializar sus productos en nuestras tiendas, asesoramos a los productores sobre la calidad y el precio de los productos en el mercado español, y pagamos por anticipado nuestras compras para que el taller pueda atender a los gastos del productor".



**3.2.1.** **Encuentra los antónimos de las siguientes palabras en el texto:**

| | |
|---|---|
| Las pérdidas ≠ | |
| Empeorar ≠ | |
| Importación ≠ | |
| Venta ≠ | |
| La oferta ≠ | |
| Escasas ≠ | |

**3.2.2.** **En función del texto, busca un sinónimo de los verbos del cuadro:**

| | |
|---|---|
| Engrosar = | |
| Apostar por... = | |
| Impulsar *(a alguien)* a *(hacer algo)* = | |
| Reconstruir algo = | |
| Variar = | |

3.2.3. Busca en el texto dos palabras que para ti hayan sido difíciles de comprender, pronunciar, memorizar, etc. Díselas a tu compañero; él te las va a explicar y te va a poner un ejemplo.

3.3. Es una tarea común de escritura. Se hacen tres grupos. Uno deberá buscar otro título para el artículo, otro, un subtítulo (como máximo dos frases), y el tercer grupo deberá resumir el artículo en cuatro ideas.

# 4 Mil gracias y muchas, muchas felicidades

4.1. Muchas veces tenemos que escribir cartas breves para felicitar a alguien o para agradecer algo. Si, por ejemplo, tenemos que responder a una invitación de boda tendremos que mezclar la felicitación con el agradecimiento.

En este caso, te presentamos la carta que escribió Mercedes a Leticia felicitándola por su cumpleaños y al mismo tiempo agradeciéndole la invitación y pidiéndole disculpas por no ir.

Madrid, 22 de febrero de 2003

Querida Leticia:

Antes de nada quiero felicitarte por tu cumpleaños: ¡que cumplas muchos más!

Quiero darte las gracias por invitarme a tu fiesta del sábado, pero siento muchísimo no poder ir porque ya tenía otro compromiso previo para ese día. Espero que te lo pases muy bien. Ya sé que van a ir todos los de la empresa, ¡qué pena que yo no pueda ir!

Un fuerte abrazo,
Mercedes

## Carta de felicitación

Ciudad, fecha

- Estimado-a + nombre:
- Hola/Querido-a + nombre: ¿Qué tal?

- Fórmula de felicitación.
- Fórmulas de buenos deseos para la persona.
- Despedida.

## Carta de agradecimiento

Ciudad, fecha

- Estimado-a + nombre:
- Hola/Querido-a + nombre: ¿Qué tal?

- Fórmula de agradecimiento.
- Motivo del agradecimiento.
- Volver a agradecer.
- Despedida.

- Si te invitan, puedes aceptar o rechazar la invitación. Si la rechazas, **pide disculpas y excúsate.**

**4.2.** **Aquí tienes mezcladas expresiones que puedes utilizar en estas cartas, clasifícalas:**

- Gracias por todo
- Felicidades
- Lo siento
- ¡Hola!, ¿cómo estás?
- Muchas felicidades por...
- Quiero darte las gracias por...
- Hasta pronto
- ¿Me disculpas?
- Me encantaría, pero...
- Que seas muy feliz
- Muchísimas gracias por...
- Querido/a...:
- Enhorabuena
- Siento no poder...
- Un fuerte abrazo
- ¡Que tengas suerte!
- ¡Feliz cumpleaños!
- Me alegro de que...
- Me gustaría, pero...
- Te agradezco que...
- Siento mucho que...

| Agradecer | Pedir disculpas | Felicitar | Rechazar una invitación | Saludar y despedirse | Expresar deseos |
|---|---|---|---|---|---|
| | | | | | |

**4.3.** **Aquí tienes una serie de situaciones. Decide qué tipo de carta tienes que escribir (de felicitación, de agradecimiento, de felicitación con disculpas...).**

1. Es el cumpleaños de tu mejor amigo, estás invitado, pero no puedes ir.

2. Responder a una invitación a la inauguración de la exposición de pintura de una amiga. Estás de viaje ese día.

3. Tu hermano ha aprobado por fin el examen de conducir teórico, ahora tiene que hacer el práctico.

4. Tienes que responder a la invitación de boda de tu mejor amiga; por supuesto, vas a ir. Además, te ha dicho que tú serás una de sus damas de honor.

**4.4.** **Esperanza Esperada siempre está deseando buenas cosas a todo el mundo. Señala cuáles de estos deseos puedes utilizar en las situaciones de la actividad 4.3.**

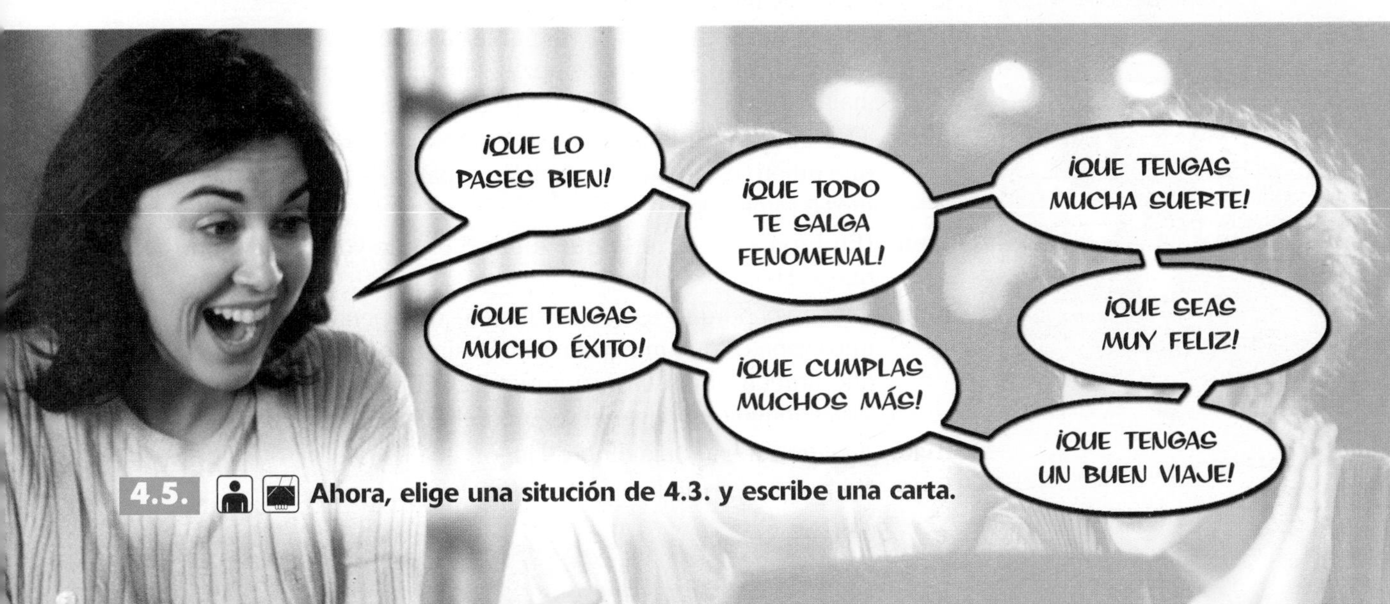


**4.5.** **Ahora, elige una situción de 4.3. y escribe una carta.**

# 5 Compras y más compras

**5.1.** **Aquí tienes tres tipos de compradores. Describe con tu compañero tres hábitos de cada uno. Para ayudaros, pensad en la relación amor-odio que tienen con:**

**las tarjetas de crédito • las rebajas • las tiendas • el ahorro**

**5.2.** [33] **Hugo, Miren y Silvia son amigos de toda la vida y se encuentran en *El Corte Japonés* comprando en las rebajas. Escucha la conversación de estos tres amigos y adivina quién es el comprador compulsivo, quién el tacaño y quién el controlado.**

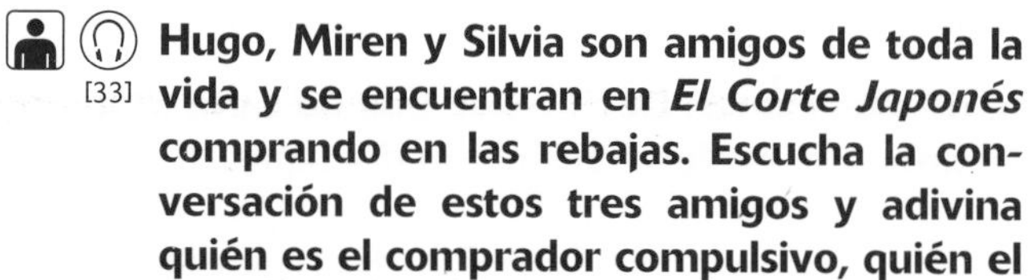

Controlado ______

Compulsivo ______

Tacaño ______

**5.2.1.** **En la conversación de estos tres amigos hay siete expresiones relacionadas con el dinero. Búscalas con tu compañero.**

**Hugo:** Yo ya no puedo más, estoy agotado, llevamos tres horas en la planta de zapatos y Miren todavía no ha encontrado unos que le gusten; yo es que alucino con esta tía, de verdad. Todos le parecen carísimos, es una agarrada. ¿Quieres que la esperemos en la cafetería?

**Silvia:** Espera a ver... Miren, por una vez, ¿por qué no dejas de mirar el dinero? Además, si están tirados, todos a 11,92 euros, ¡baratísimos!, ¿quieres que te elija yo unos?

**Miren:** Tú, Silvia..., siempre, ¡hala!, a tirar la casa por la ventana..., te gusta algo y ¡hala!, pues te lo compras, ¿que cuesta un ojo de la cara?, ¡hala! No pasa nada, total... no pagas tú, paga el banco.

**Silvia:** ¡Oye, guapa! ¿Tú la has oído, Hugo? No te pases, ¿eh?... Lo único que quiero es que te compres los zapatos de una vez y nos vayamos a tomar algo.

**Miren:** (En broma) Sí, sí, tú lo que quieres es que yo te regale unos, ¿a que sí, Hugo?

**Hugo:** Pues... yo, porque estoy sin blanca, ¡qué pena! Porque he visto unos zapatos que me gustan muchísimo. Pero este mes me tengo que apretar el cinturón porque el mes pasado me pasé con la Visa y tengo que pagar el seguro del coche.

**Silvia:** ¿Quieres que te deje dinero, Hugo?

**Hugo:** No, hombre, no. Te lo agradezco, de verdad, gracias.

**5.2.2.** **Ahora relacionad esta información con las expresiones del ejercicio anterior.**

1. Se usa para decir que no tienes dinero. ..........
2. Se usa para describir a una persona tacaña, avara. ..........
3. Se usa para decir que, circunstancialmente, no es posible gastar mucho dinero, que hay que controlar los gastos. ..........
4. Se usa para hablar de alguien que compra en función del precio, buscando siempre lo más barato. ..........
5. Se usa para decir que algo es muy barato. ..........
6. Se usa para decir que algo es muy caro. ..........
7. Se usa para hablar de alguien que hace grandes gastos y que vive por encima de sus posibilidades. ..........

**5.3.** **¿Qué tipo de comprador crees que eres? Relaciona estas palabras con cada tipo de comprador: compulsivo, tacaño o controlado.**

| | | | | |
|---|---|---|---|---|
| ☐ selectivo | ☐ desastroso | ☐ metódico | ☐ indeciso | ☐ tiquismiquis |
| ☐ experto | ☐ desorganizado | ☐ exagerado | ☐ de ideas fijas | ☐ moderado |
| ☐ derrochador | ☐ organizado | ☐ caprichoso | ☐ adicto | ☐ pesado |

**5.3.1.** **Vais a hacer este test para saber "científicamente" qué tipo de compradores sois.**

**Responde a estas diez preguntas:**

1. ¿Las desilusiones o frustraciones te llevan urgentemente a comprar?
   ☐ Sí ☐ No

2. ¿Gastas a menudo en compras hasta el último euro de que dispones?
   ☐ Sí ☐ No

3. ¿Inviertes casi siempre en las compras más dinero que el que tenías planeado?
   ☐ Sí ☐ No

4. ¿Provocan tus compras conflictos con tus amigos o familia?
   ☐ Sí ☐ No

5. ¿Acudes a los grandes almacenes para escapar de algo que te preocupa?
   ☐ Sí ☐ No

6. ¿Pides dinero para satisfacer tus ansias de compra?
   ☐ Sí ☐ No

7. ¿El tiempo que dedicas a ir de compras disminuye tu rendimiento profesional?
   ☐ Sí ☐ No

8. ¿Te resulta difícil aplazar la satisfacción inmediata de adquirir algo que llame tu atención?
   ☐ Sí ☐ No

9. Después de la decepción de haber comprado cosas que no necesitabas, ¿sientes que debes volver a comprar algo que realmente necesitas?
   ☐ Sí ☐ No

10. ¿Te resulta fácil elegir unas zapatillas?
   ☐ Sí ☐ No

**Resultados**:

- **Si has contestado a 4 o más con Sí**, eres un comprador compulsivo. Deberías moderar tus compras.
- **Si has contestado entre 1 y 4 con Sí**, eres un comprador controlado. Te felicitamos, no te dejas influir por la sociedad de consumo.
- **Si ninguna es afirmativa**, eres un comprador tacaño. No está mal gastar algo de vez en cuando. Piensa que los comerciantes también tienen que comer.

**5.3.2.** **Vamos a hacer terapia de grupo: ¿te ha extrañado el resultado del test?, ¿qué pregunta te ha parecido más rara/sorprendente/divertida/exagerada...?, ¿te ha extrañado alguna respuesta de tu compañero?**

**Ejemplo:** *Me ha extrañado que haya tanta relación entre la falta de autoestima y las compras.*

# 6 Échame una mano, primo

**6.1.** **Ofrecer ayuda es fácil, pero no resulta tan sencillo aceptarla o rechazarla de una forma culturalmente adecuada. Si dices directamente en español: *"Sí, gracias"* puedes parecer brusco o socialmente incorrecto, igual que si dices: *"No, gracias"*. También se acostumbra a rechazar el primer ofrecimiento esperando que nuestro interlocutor insista. Aquí tienes las formas adecuadas, lee con atención.**

- Para ofrecer ayuda u ofrecer nuestra colaboración a alguien, usamos:

¿**Querer que** + subjuntivo?

- Si la otra persona acepta tu ofrecimiento, te dirá:

*¡Ah!, venga, vale.*
*De acuerdo.*
*Como quieras... gracias.*
*Si quieres...*
*Genial, gracias, de verdad.*
*Te lo agradezco en el alma.*
*Te lo agradecería un montón.*

- También puede rechazar tu ofrecimiento:

*No, gracias, de verdad.*
*No, no es necesario, gracias, gracias.*
*No, no hace falta, muchas gracias de todas formas.*

► *¿Quieres que te lleve al aeropuerto?*
▷ *No, no es necesario, gracias. Puedo coger un taxi.*
► *De verdad que no me importa... Tengo tiempo. Venga, que te llevo.*
▷ *Como quieras... Te lo agradezco en el alma.*

**6.2.** **Todos tenemos problemas y necesitamos ayuda. Completa tu lista con algunos de ellos. Tu compañero va a ofrecerse para ayudarte... ¿Aceptas o rechazas su ofrecimiento?**

**Ejemplo:**

**Alumno A:** *Me duele muchísimo la cabeza.*
**Alumno B:** *¿Quieres que vaya un momento a la farmacia?*
**Alumno A:** *Te lo agradecería mucho.*

## alumno a

- Se te ha estropeado el coche y tienes que ir urgentemente a Barcelona.
- Mañana te cambias de casa y no sabes cómo lo vas a hacer. ¡Qué lío!
- ..........................................................................................
- ..........................................................................................

## alumno b

- No sabes qué pasa, pero no puedes levantarte por las mañanas, no oyes el despertador.
- Te vas tres semanas de vacaciones y no sabes dónde dejar a tu gato.
- ..........................................................................................
- ..........................................................................................

# De tal palo, tal astilla 7

**7.1.** **¿Conoces el significado de la expresión "de tal palo, tal astilla"? ¿Hay alguna expresión similar en tu lengua?**

**7.2.** **¿De tal palo, tal regalo?... El siguiente reportaje que vas a escuchar, se realizó en unos grandes almacenes llenos de juguetes de Alcobendas (Madrid). Los protagonistas fueron dos padres con sus hijos. Primero entraron los padres y eligieron cinco juguetes para regalar a sus hijos. Después, fueron los pequeños quienes tomaron sus cinco decisiones. ¿Crees que coincidieron?**

**7.2.1.** **Antes de la audición, di si estás de acuerdo o no con las siguientes afirmaciones y discútelas con tus compañeros.**

| | De acuerdo | En desacuerdo |
|---|---|---|
| 1. Los padres siempre eligen juguetes educativos, mientras que los niños solo piensan en divertirse. | ☐ | ☐ |
| 2. Un padre nunca le regalaría un teléfono móvil a su hija de diez años. | ☐ | ☐ |
| 3. Los coches son para los niños y las muñecas para las niñas. | ☐ | ☐ |
| 4. Los padres conocen los gustos de sus hijos. | ☐ | ☐ |
| 5. A los niños solo les interesan los juegos electrónicos y las videoconsolas. | ☐ | ☐ |

**7.2.2.** [34] **Ahora, escucha y elige la opción correcta de las siguientes afirmaciones:**

1. **El padre de Mauro tiene en cuenta que:**
   - ☐ **a.** el juguete haya sido diseñado para un niño de su edad
   - ☐ **b.** el juguete le permita jugar con su hermano
   - ☐ **c.** el juguete le guste también a él (al padre)
   - ☐ **d.** el juguete sea excesivamente caro

2. **Mauro eligió para él:**
   - ☐ **a.** el camión de bomberos
   - ☐ **b.** el tractor amarillo
   - ☐ **c.** el coche gris metalizado
   - ☐ **d.** el troncomóvil de los Picapiedra

3. **El padre de Diana piensa que:**
   - ☐ **a.** a su hija le horrorizan los coches teledirigidos
   - ☐ **b.** su hija ya es mayor para jugar a la videoconsola
   - ☐ **c.** su hija quiere que le regalen un coche ecológico
   - ☐ **d.** si le regala la videoconsola que su hija quiere, se quedará sin blanca

4. **Diana quiere que sus padres:**
   - ☐ **a.** la lleven de viaje a Nueva York
   - ☐ **b.** le regalen un móvil
   - ☐ **c.** no le hagan muchas preguntas
   - ☐ **d.** le dejen tener un perro en casa

7.2.3. Vuelve a escuchar y contrasta tus opiniones con las de los protagonistas. [34]

7.2.4. ¿Y a ti?, ¿cuál es el regalo que más ilusión te ha hecho?

AUTOEVALUACIÓN AUTOEVALUACIÓN AUTOEVALUACIÓN

**1. La corrección es una etapa importante dentro del aprendizaje, ¿quién crees que tiene que corregirte?**

- ☐ a. El profesor ¿Por qué? ..........
- ☐ b. Tus compañeros ..........
- ☐ c. Tú ..........
- ☐ d. Los tres ..........

**2. En la expresión oral, ¿cuándo crees que es positiva la corrección del profesor?**

- ☐ a. Mientras estoy hablando
- ☐ b. Después de que haya concluido mi intervención

¿Por qué? ..........

**3. En la expresión escrita, ¿qué haces cuando el profesor te devuelve tus trabajos?**

- ☐ a. Miro si hay muchas correcciones, los meto en la carpeta y me olvido de ellos
- ☐ b. Los reviso tranquilamente en casa y anoto en un cuaderno las correcciones de mis errores reincidentes
- ☐ c. Vuelvo a escribir el trabajo ya corregido y subrayo los puntos conflictivos
- ☐ d. Otros ..........

**4. Para intentar "aprender de los errores" hay técnicas de corrección facilitadoras de esta tarea, por ejemplo, buscar un código de corrección de errores que te ayude visualmente a detectar los diferentes tipos de errores. Aquí tienes una carta de felicitación con los errores identificados. Intenta encontrar la solución en cada caso, después compara tus respuestas con las de tus compañeros. Guíate de la ficha de símbolos que te dará tu profesor.**

*Madrid, 22 de febrero de 2003*

*Querida Ana:*

*En primer lugar, quiero felicitarle para tu cumpleanos, ¡que cumplas muchos mas!*
*Gracias también por me invitar a tu fiesta de cumpleanos de el sábado, siento muchísimo no poder traer mi primo "el guaperas", mas tiene otro compromiso y no puede ir. Espero que va tu hermano Luis a la fiesta, ¡ojalá!*
*Me encanta (mucho) tu hermano, asimismo me encanta tu hermana Sofía.*
*Bueno, muchas gracias de nuevo.*
*Nos vemos en la fiesta.*

*Un beso,*

*Amy*

1, "Me gusta mucho"

AUTOEVALUACIÓN AUTOEVALUACIÓN AUTOEVALUACIÓN

# Revisión (2)

## Funciones comunicativas

- Describir
- Dar instrucciones
- Convencer, persuadir

## Contenidos gramaticales

- Imperativo afirmativo y negativo
- Oraciones temporales
- Oraciones finales
- Oraciones de relativo
- Oraciones condicionales
- Perífrasis de obligación
  - *deber* + infinitivo
  - *tener que* + infinitivo

## Contenidos léxicos

- Piezas de un electrodoméstico
- Manual de instrucciones
- Descripción de personas

## Contenidos culturales

- Marketing y publicidad

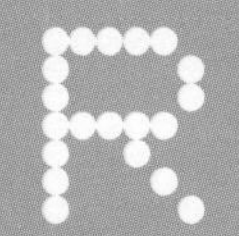

# Busque, compare y... cómprelo

**Vamos a entrar en el mundo del marketing. Para ello, crearemos un producto que comercializaremos a escala mundial; pero antes habrá que definir sus usos y cualidades, redactar el manual de instrucciones, trazar el perfil del cliente ideal y proyectar la campaña publicitaria con la que lo presentaremos en el mercado.**

**Primero, mirad con atención esta imagen, pues es la del producto que deberéis comercializar. Hasta que le encontréis un nombre, lo llamaremos *La Cosa*.**

**1** **En primer lugar, para que conozcáis bien *La Cosa*, buscad en esta lista de palabras los nombres de cada una de sus partes.**

| | | | | | |
|---|---|---|---|---|---|
| • Rueda | • Teclado | • Enchufe | • Antena | • Altavoz | • Piloto |
| • Ventanilla | • Cable | • Bisagra | • Botón | • Termostato | • Interruptor |
| • Palanca | • Pinzas | • Tornillo | • Tuerca | • Pantalla | • Objetivo |

**2** BLA **Y ahora imaginad qué utilidad puede tener *La Cosa* y discutidlo luego con el resto de la clase. Entre todos elegiréis por votación la propuesta que más os guste.**

**3** **Ya sabéis para qué sirve *La Cosa*, pero ¿por qué no intentáis describir la función de cada una de sus partes?**

| Partes de *La Cosa* | Funciones |
|---|---|
| Ruedas → | Sirven para que *La Cosa* se mueva por la casa |

**4** Ha llegado el momento de bautizar *La Cosa;* elaborad entre todos una lista de posibles nombres. Cada uno de vosotros deberá elegir uno y explicar por qué lo prefiere.

La Cosa se llama: ______________________

**5** Ahora vamos a elaborar un manual de instrucciones para el usuario, pero antes fijaos en este modelo. En la columna de la izquierda tenéis los nombres de cada uno de los apartados. Relacionadlos con la información de la columna de la derecha.

| | Servicio técnico | Funcionamiento | Cuidados y limpieza | Instalación | Precauciones | Consejos prácticos |
|---|---|---|---|---|---|---|
| 1. Instala el aparato en una superficie plana. | ☐ | ☐ | ☐ | ☐ | ☐ | ☐ |
| 2. Coloca la antena en el lugar indicado. | ☐ | ☐ | ☐ | ☐ | ☐ | ☐ |
| 3. Abre la puerta, introduce el plato y cierra la puerta. | ☐ | ☐ | ☐ | ☐ | ☐ | ☐ |
| 4. Ajusta el nivel de potencia que desees. | ☐ | ☐ | ☐ | ☐ | ☐ | ☐ |
| 5. Cuando se encienda el piloto, aprieta el botón POWER. | ☐ | ☐ | ☐ | ☐ | ☐ | ☐ |
| 6. Para ahorrar energía, es conveniente que selecciones siempre una potencia media. | ☐ | ☐ | ☐ | ☐ | ☐ | ☐ |
| 7. Para evitar olores, puedes añadir el zumo de medio limón a un litro de agua y calentarlo a potencia alta. | ☐ | ☐ | ☐ | ☐ | ☐ | ☐ |
| 8. Es conveniente limpiarlo y secarlo después de cada uso. | ☐ | ☐ | ☐ | ☐ | ☐ | ☐ |
| 9. Frota el interior con un detergente suave. | ☐ | ☐ | ☐ | ☐ | ☐ | ☐ |
| 10. No pongas el aparato cerca de fuentes de calor. | ☐ | ☐ | ☐ | ☐ | ☐ | ☐ |
| 11. La humedad y el sol pueden dañarlo, no lo coloques nunca en el exterior de ventanas y balcones. | ☐ | ☐ | ☐ | ☐ | ☐ | ☐ |
| 12. Asegúrate de que no haya niños o animales en el interior antes de ponerlo en funcionamiento. | ☐ | ☐ | ☐ | ☐ | ☐ | ☐ |
| 13. No cubras las ranuras de ventilación. | ☐ | ☐ | ☐ | ☐ | ☐ | ☐ |
| 14. Si el aparato falla, localiza el problema y prueba las soluciones indicadas en el manual. | ☐ | ☐ | ☐ | ☐ | ☐ | ☐ |
| 15. Si el aparato sigue sin funcionar, debes llamar a tu distribuidor más cercano. | ☐ | ☐ | ☐ | ☐ | ☐ | ☐ |
| 16. Para hacer una reclamación, tienes que presentar la garantía, ¡consérvala! | ☐ | ☐ | ☐ | ☐ | ☐ | ☐ |

**6** ¿Te has fijado en las estructuras gramaticales del manual que expresan instrucciones, recomendaciones y consejos? Completa con ellas esta tabla.

| Estructura | Ejemplo |
|---|---|
| imperativo afirmativo | instala, |
| | |
| | |
| | |
| | |
| | |
| | |

**7** ¿Alguna de estas instrucciones puede servir para vuestro manual? Tomad nota de ellas y, fijándoos en las estructuras que acabamos de revisar, elaborad el manual de vuestro producto siguiendo los siguientes puntos:

- Instalación
- Funcionamiento
- Cuidados y limpieza
- Precauciones
- Consejos prácticos
- Servicio técnico

**8** Estamos ahora en la fase más difícil del proyecto: decidir el perfil de nuestro cliente ideal. De esto dependerá el éxito comercial. Fíjate en los ejemplos:

**Ejemplo:** *Nos interesa gente **que sea** moderna y activa.*
*Nuestro cliente debe ser alguien **que tenga** dinero y **que viva** en la ciudad.*

- culto
- pijo
- activo
- hogareño
- sociable
- conservador
- aventurero
- exigente
- dinámico
- consumista
- obrero
- moderno
- esnob
- etc.

**9** Nuestro propósito ahora es idear estrategias de mercado. Escucha con atención [35] estos anuncios de radio. ¿Alguno de ellos sirve para vuestra campaña?

**10** BLA Además de la radio, tenemos a nuestro alcance muchos medios: la televenta, la prensa, la televisión, la venta a domicilio... ¡Y todos los que, con un poco de imaginación, se os ocurran! ¿Cómo daremos a conocer nuestro revolucionario producto?

## AUTOEVALUACIÓN

1. **Escribe tres ejemplos de las estructuras que hayas utilizado en el manual de instrucciones.**

.......................................................................................................

.......................................................................................................

.......................................................................................................

2. **¿Cuáles de estas partes no pertenecen a *La Cosa*? Táchalas.**

- ☐ Pinzas
- ☐ Antena
- ☐ Enchufe
- ☐ Pantalla
- ☐ Objetivo
- ☐ Tornillo
- ☐ Rueda
- ☐ Altavoz
- ☐ Cable

3. **De las diferentes partes de la tarea, ¿cuál te ha parecido más útil e interesante?**

- Descripción del aparato y sus funciones
- Descripción del manual de instrucciones
- Perfil del cliente ideal
- Campaña publicitaria

# Repetimos desde el principio

## 1. Elige la opción correcta:

1. Media hora antes de que .......................... el desfile, las modelos estarán maquilladas.
   - [ ] a. empezará
   - [ ] b. empieza
   - [ ] c. empiece

2. Cuando se lo .........................., se enfadará.
   - [ ] a. digáis
   - [ ] b. diréis
   - [ ] c. vais a decir

3. No se me pasó el dolor de estómago, hasta que me .......................... esa infusión.
   - [ ] a. había tomado
   - [ ] b. tomaba
   - [ ] c. tomé

4. Ayer le llamamos en cuanto .......................... a la oficina.
   - [ ] a. llegamos
   - [ ] b. lleguemos
   - [ ] c. hemos llegado

5. No existe ningún remedio que .......................... todas las enfermedades.
   - [ ] a. cura
   - [ ] b. haya curado
   - [ ] c. cure

6. Necesitamos un local que .......................... al menos 200 metros cuadrados.
   - [ ] a. tendrá
   - [ ] b. tenga
   - [ ] c. tiene

7. .......................... muy joven para su edad.
   - [ ] a. está
   - [ ] b. es

8. No .......................... tan triste, que a lo mejor apruebas.
   - [ ] a. seas
   - [ ] b. estés

9. Lo hemos mandado a Estados Unidos para que .......................... inglés.
   - [ ] a. aprenderá
   - [ ] b. haya aprendido
   - [ ] c. aprenda

10. Ha ido a que le .......................... el médico porque se siente mal.
    - [ ] a. vea
    - [ ] b. ve
    - [ ] c. verá

11. No es que .......................... aburrido, es que tengo sueño.
    - [ ] a. estoy
    - [ ] b. esté
    - [ ] c. he estado

12. Nos alegramos mucho de que te .......................... el sueldo.
    - [ ] a. hayan subido
    - [ ] b. han subido
    - [ ] c. habrán subido

13. Siempre te agradeceré que me .......................... con esta traducción.
    - [ ] a. ayudaste
    - [ ] b. has ayudado
    - [ ] c. hayas ayudado

14. ¿No has querido ir porque .......................... ocupado o por otro motivo?
    - [ ] a. estés
    - [ ] b. estás
    - [ ] c. seas

## 2. Forma frases con un elemento de cada columna:

| | | |
|---|---|---|
| • Te escribiré | | • cumplió los años |
| • Le esperamos | | • deje de llover |
| • Llámame | | • llegó |
| • Le regalé el libro | **cuando** | • desayunaba |
| • Nos quedaremos | **hasta que** | • terminé la carrera |
| • Leí el periódico | **mientras** | • me pida perdón |
| • Lo harás como yo digo | | • salgas del trabajo |
| • Tenía 23 años | | • vivas en mi casa |
| • No le hablaré | | • tenga tiempo |